손안에

쏘옥~

필수

여행중국어회화

손안에
쏘옥~

이은진 지음

필수

여행중국어회화

가림 Let's

손안에 쏘옥~
필수 여행중국어회화

2004년 2월 25일 제1판 1쇄 발행
2005년 7월 20일 제1판 2쇄 발행

지은이/이은진
펴낸이/강선희
펴낸곳/가림Let's

등록/2001. 12. 1. 제5-206호
주소/서울시 광진구 구의동 57-71 부원빌딩 4층
대표전화/458-6451   팩스/458-6450
홈페이지 http://www.galim.co.kr
e-mail galim@galim.co.kr

값 7,000원

ISBN 89-89967-10-4 03720

거대하고 낯선 땅 중국으로의 여행을 앞두고 누구나 한번쯤은 서점에 가서 손에 꼭 쥐고 다닐 만한 중국어 회화책을 찾아 뒤적거리게 된다. 낯선 문화를 체험할 때 가장 먼저 부딪히게 되는 것이 낯선 언어문화와의 만남이기 때문이다.

이 책은 조금이라도 중국어를 알고 싶다는 생각으로 여행용 중국어책을 찾는 사람들에게 좋은 여행의 동반자가 되고 싶은 바람으로 만들어진 것이다. 그러므로 중국어 초보자와 중국어 경험자 모두가 한손에 지니고 다니면서 상황에 따라 적절하게 도움을 받을 수 있을 것으로 기대한다.

『필수 여행중국어회화』는 중국에서 생활하거나 여행할 때 꼭 필요한 회화를 상황에 맞게 정리해 놓고 유용한 단어들을 분류하여 실어 놓았다. 각 문장과 단어에는 한어병음과 함께 우리말 토를 최대한 원음에 가깝게 살려 놓아 초보자라 하더라도 발음하는 데 어려움이 없을 것이다.

이 책은 다양한 민족과 문화, 근대와 현대가 공존해 있는 거대한 땅 중국으로 출발하는 당신의 발걸음에 여유와 힘을 실어줄 것이며, 든든한 도우미의 역할을 할 것이다.

더불어 여러 가지 상황과 단어를 통해 중국에서 다양한 경험을 할 수 있도록 안내해 줄 것이다.

2004년 1월
이 은 진

Contents

Contents

Contents

이 책의 특징

★ 각 문장마다 한어병음을 함께 표기하여 정확한 성조
와 발음을 할 수 있도록 했다.

★ 중국어 초보자들도 중국어 발음을 구사할 수 있도록
한글표기와 함께 중국어를 발음하는 데 있어 가장 어
려운 권설음(捲舌音)과 [f] 발음을 함께 표기함으로써
원음에 가깝게 발음할 수 있도록 해 놓았다.

★ 상황별 회화를 통해 그때그때 상황에 따라 자기표현
을 할 수 있게 하였다.

★ 여행에 꼭 필요한 한중사전을 ㄱ, ㄴ, ㄷ 순으로 배열
하여 누구나 손쉽게 이용할 수 있도록 하였다.

일/러/두/기

중국어로 의사소통을 하기 위해서는 성조와 발음이 매우 중요하다. 특히 성조를 지키지 않을 경우에는 의사소통에 있어 오해가 생기기 쉽다. 따라서 이 책에는 각 단어와 문장에 한어병음과 함께 성조표기를 해두었으므로 4성을 모두 지켜 자연스런 발음을 낼 수 있도록 하는 것이 좋다.

또한 이 책은 한글 발음표기에 권설음과 [f] 발음 표기를 함께 수록하고 있다. 다음을 참고하면 초보자라 할지라도 최대한 중국어 원음에 가까운 소리를 낼 수 있을 것이다.

★ 권설음 : 혀끝을 안으로 말아 올려 입천장에 닿게 한 뒤 내는 소리로 [zh], [ch], [sh], [r]가 있다.
   예) [shi]-[스sh], [zhong]-[쯩zh], [shao]-[샤sh오], [chu]-[츄ch], [rou]-[뤄r우]

이와 같은 표기는 [si]-[쓰], [zong]-[쫑], [sao]-[싸오], [cu]-[추], [lou]-[로우]와 같은 발음들과 명확히 구분하도록 하기 위해 권설음을 표시하는 영문자를 덧붙인 것이다. 혀를 말아 내는 소리를 잘할수록 더 세련된 중국어 발음이 나오기 때문에 이와 같이 표기하였다.

★ [f] 발음 내기 : 윗니를 아랫입술에 갖다 대면서 가볍게 내는 소리로 영어의 [f]와 같은 발음이다. [pu]는 [푸]로 발음하면 되지만 [fu]는 [푸f]로 [f] 발음을 해주어야 한다.

중국을 알자!

* **국명** : 중화인민공화국(中華人民共和國, People's Republic of China)
* **수도** : 베이징(北京 ; Běijīng)으로 인구는 약 1,000만 명 정도이다.
* **면적** : 약 960만km². 러시아와 캐나다에 이어 세계 3위의 크기로서 한반도의 44배 크기이다.
* **인구** : 약 13억 명으로서 세계 인구의 약 1/5을 구성한다.
* **언어** : 북경표준어(공용어)
* **민족** : 한족(漢族, 약 92% 차지) 외 55개 소수민족으로 구성되어 있다.
* **종교** : 무교이나 일반적으로 도교, 유교, 불교, 이슬람교, 기독교를 믿고 있다.
* **시차** : 우리나라와 1시간의 시차가 있다.
* **화폐** : 인민폐(人民幣 ; 런민삐 ; RMB), 통화단위는 위엔(元, ¥)이다.
* **환율** : 달러 대 중국인민폐 = 1달러 : 약 8.28위엔(2004년 2월 현재), 중국인민폐 대 원화 = 1위엔 : 약 150원
* **물가** : 재래시장의 농산품은 값이 매우 싼 편이지만 공산품 물가는 우리나라와 거의 비슷하다.
* **택시비** : 기본요금은 10위엔으로 우리나라와 비슷하다.

짐 꾸리기 체크

1. 여 권
분실하지 않도록 잘 간수해야 하며, 출발 전에 여권번호
와 비자번호 등을 꼭 메모해 둔다.

2. 화 폐
인민폐는 쓸 만큼만 환전해 둔다. 나머지는 달러로 지니
고 있는 것이 좋다.

3. 항공권
미리 비행기 편명 등을 메모해 둔다.

4. 비상약품
중국은 중의학(한약) 처방이 주를 이루기 때문에 비상약
품은 꼭 준비해 가는 것이 좋다.

5. 신용카드

국내의 비자(Visa)카드나 마스터(Master)카드는 중국 내에서도 사용이 가능하다. 그러나 아직 카드 사용이 보편화되지 않았기 때문에 큰 호텔이나 큰 상점에서만 사용이 가능하다. 신용카드도 분실에 대비해 카드번호를 꼭 적어 둔다.

6. 증명사진

유사시(여권분실) 대비를 위해 2~3매 정도 지니고 가는 것이 좋다.

7. 카메라, 필름

필름은 우리나라 공항 면세점에서 사는 것이 비교적 저렴하다.

8. 일회용품(칫솔, 치약, 면도기, 빗 등)

중국에서는 1회용품이 제공되지 않는 곳이 많고 제공되더라도 품질이 좋지 않기 때문에 반드시 준비해 가는 것이 좋다.

기본의
기본

만났을 때

안녕하세요!

你 好!

Nǐ hǎo!

니 하오

안녕하십니까?

你 好 吗?

Nǐ hǎo ma?

니 하오 마

안녕하세요.(아침인사)

早 上 好! / 早 安! / 早!

Zǎoshang hǎo! / Zǎo'ān! / Zǎo!

짜오샹sh 하오 / 짜오안 / 짜오

안녕하세요.(점심인사)

中 午 好!

Zhōngwǔ hǎo!

쫑zh우 하오

안녕하세요.(저녁인사)

晚上好!

Wǎnshang hǎo!

완샹sh 하오

안녕히 주무세요.

晚安!

Wǎn'ān!

완안

만나서 반갑습니다.

认识您很高兴!

Rènshi nín hěn gāoxing!

런스sh 닌 헌 까오싱

처음 뵙겠습니다.

初次见面。

Chūcì jiànmiàn

츄ch츠 지엔미엔

오랜만입니다.

好久不见。

hǎojiǔ bú jiàn.

하오지우 부지엔

헤어질 때

안녕히 가세요.

再见!

Zàijiàn!

짜이지엔

몸 건강하십시오.

请保重!

Qǐng bǎozhòng!

칭 바오쭝zh

잘 다녀오십시오.(먼 길을 가는 사람에게)

一路平安!

Yí lù píngān!

이 루 핑안

一路顺风!

Yí lù shùnfēng!

이 루 슌sh펑f

감사와 사과를 할 때

감사합니다.

谢 谢 (您)！

Xièxie (nín).

시에 시에 (닌)

별 말씀을요.

不 客 气！

Bú kèqi.

뿌 커치

미안합니다.

对 不 起！

Duìbuqǐ!

뛔이부치

대단히 죄송합니다.

很 抱 歉。

Hěn bàoqiàn.

헌 빠오치엔

괜찮습니다.

没关系。

Méiguānxi.

메이 꽌 시

수고하셨습니다.

辛苦你了。

Xīnkǔ nǐ le.

신 쿠 닐 러

폐를 끼쳤습니다.

麻烦你了。

Máfan nǐ le.

마 판f 닐 러

양해와 부탁을 할 때

양해해 주십시오.

请原谅!

Qǐng yuánliàng.

칭 위엔리앙

못 알아듣겠습니다.

听不懂。

Tīngbudǒng.

팅부똥

저는 중국어를 할 줄 모릅니다.

我不会说汉语。

Wǒ búhuì shuō Hànyǔ.

워 부훼이 슈sh워 한위

다시 한 번 말씀해 주세요.

请再说一遍。

Qǐng zài shuō yíbiàn.

칭 짜이 슈sh워 이비엔

28

써 주십시오.

请 您 写 一 下。

Qǐng nín xiě yíxià.

칭 닌 시에 이샤

좀 보여 주세요.

请 给 看 一 下。

Qǐng gěi kàn yíxià.

칭 게이 칸 이샤

저 좀 도와주시겠어요?

请 帮 我 一 下 好 吗?

Qǐng bāng wǒ yíxià hǎo ma?

칭 빵 워 이샤 하오 마

기다려 주세요.

请 等 一 下。

Qǐng děng yíxià.

칭 덩 이샤

자신을 소개할 때

제 소개를 하겠습니다.

自我介绍一下。

Zìwǒ jièshào yí xià.

쯔워 지에샤오 이샤

제 이름은 김한국이라고 합니다.

我叫金韩国。

Wǒ jiào Jīn Hánguó.

워 지아오 진한꾸워

저는 (대)학생입니다.

我是(大)学生。

Wǒ shì (dà)xuésheng.

워 스sh (따) 쉬에성sh

저는 직장에 다니고 있습니다.

我在上班。

Wǒ zài shàngbān.

워 짜이 샹sh빤

저는 한국인입니다.

我 是 韩 国 人。

Wǒ shì Hánguórén.

워 쓰sh 한꾸워런

저는 서울에 삽니다.

我 住 在 汉 城。

Wǒ zhù zài Hànchéng.

워 쮸zh 짜이 한청ch

저는 회사에서 파견 나왔습니다.

我 是 公 司 派 来 的。

Wǒ shì gōngsī pàilái de.

워 쓰sh 꽁쓰 파일라이 더

31

대화를 청할 때

▶ 상대방이 나보다 나이가 많거나 존대를 해야 할 경우에는 您(nín;닌)을 사용하는 것이 좋다

당신 이름은 무엇입니까?

你 叫 什 么 名字?

Nǐ jiào shénme míngzi?

니 지아오 션sh머 밍쯔

당신은 어느 나라 사람입니까?

您 是 哪 国 人?

Nín shì nǎ guó rén?

닌 스sh 나꾸워런

당신은 영어를 할 줄 압니까?

你 会 说 英 语 吗?

Nǐ huì shuō Yīngyǔ ma?

니 훼이 슈sh워 잉위 마

한국에 가본 적 있습니까?

你 去 过 韩 国 吗?

Nǐ qù guò Hánguó ma?

니 취 구워 한꾸워 마

당신은 몇 살인가요?

你 年 龄 多 大?

Nǐ niánlíng duō dà?

니 니엔링 뚜워 따

어디에 묵고 계십니까?

你 住 在 哪 儿?

Nǐ zhù zài nǎr?

니 쮸zh 짜이날

당신의 생일은 언제입니까?

你 的 生 日 是 什 么 时 候?

Nǐ de shēngrì shì shénme shíhou?

니 더 셩sh르r 스sh 션sh머 스sh홀

33

간단한 질문을 할 때

이것은 무엇입니까?

这 是 什 么?

Zhè shì shénme?

쩌zh 스sh 션sh머

어디에 있나요?

在 哪 儿?

Zài nǎr?

짜이날

누구세요?

谁? / (공손한 표현) 哪 一 位?

Shéi? / Nǎ yí wèi?

셰sh이 / 나이웨이

언제 옵니까?

什 么 时 候 儿 来?

Shénme shíhòur lái?

션sh머 스sh홀 라이

얼마입니까?

多少钱?

Duōshao qián?

뚜워 샤sh오 치엔

왜요?

为什么?

Wèi shénme?

웨이 션sh머

어때요?

怎么样?

Zěnme yàng?

쩐머 양

어떻게 갑니까?

怎么走?

Zěnme zǒu?

쩐머 쩌우

지금 몇 시입니까?

现在几点?

Xiànzài jǐdiǎn?

시엔짜이 지디엔

간단한 대답을 할 때

예. / 아니오.
是 / 不 是
shì / Bú shì
쓰sh / 부쓰sh

있습니다. / 없습니다.
有 / 没 有
Yǒu / Méi yǒu
여우 / 메이여우

맞습니다. / 틀립니다.
对 / 不 对
Duì / Bú duì
뚜웨이 / 부뚜웨이

좋습니다. / 좋지 않습니다.
好 / 不 好
Hǎo / Bù hǎo
하오 / 뿌하오

좋습니다. / 싫습니다.

行 / 不 行

Xíng / Bù xíng

싱 / 뿌 싱

알겠습니다.

知 道 了。

Zhīdao le.

즈zh따올 러

모르겠습니다.

不 知 道。

Bù zhīdao.

뿌 즈zh따오

공항
에서

출국순서

★ **출국 2시간 전까지는 공항에 도착해야 한다**
지상 3층 출국장으로 가서 탑승수속을 한다.
항공사 카운터에 가서 여권과 항공권을 제시하고 짐
을 부친다. 여행용 가방은 대부분 색깔이나 모양이
비슷한 경우가 많으므로 짐을 부칠 때 나중에 찾기
쉽도록 자기만의 표시를 해두는 것이 좋다.

★ **환전하기**

★ **병무 신고하기(남자)** – 공항 3층 병무신고 사무소

★ **출국세 공항이용권 구입** – 25,000원

★ **출국신고서 작성하기**

★ **출국 심사대 들어가기** – 공항이용권, 탑승권,
여권 제시

★ **세관 신고하기** – 고가의 물품이나 1만 달러 이상 초
과시 여행자 휴대품 신고서에 신고한다. 신고할 것이
없는 사람은 바로 통과!

★ **보안검색** – 금속탐지문 통과

★ **면세점 쇼핑하기** – 우리나라 공항 면세점은 출국시에 만 이용할 수 있다.

★ **탑승하기** – 최소한 30분 전까지는 탑승권에 적힌 게 이트 대기실에 도착해서 기다려야 한다.

한국의 항공을 이용할 경우 기내에서 한국어로 대화할 수 있지만, 중국민항이나 중국의 국내 비행기를 탈 경우에 는 한국어만으로는 불편하다. 영어를 사용할 수도 있지만, 이런 경우 간단한 기내 용어를 알아두면 편리하다.

내 자리 찾기

제 탑승권입니다.

这 是 我 的 登 机 牌。

Zhè shì wǒ de dēngjīpái.

쪄zh 스sh 워더 떵지파이

제 좌석은 어디인가요?

我 的 座 位 在 哪 儿?

Wǒ de zuòwèi zài nǎr?

워 더 쭈어웨이 짜이날

손님 좌석은 뒤쪽에 있습니다.

您 的 座 位 在 后 面。

Nín de zuòwèi zài hòumiàn.

닌 더 쭈어웨이 짜이 허우미엔

죄송하지만, 좀 비켜 주세요.

对 不 起, 请 让 一 下。

Duìbuqǐ, qǐng ràng yíxià.

뚜웨이부치 칭 랑r이샤

좀 지나가겠습니다.

请让我过去。

Qǐng ràng wǒ guò qu.

칭 랑r워 꾸워취

죄송하지만, 좌석을 좀 바꿔 주시겠어요?

对不起, 能不能换一下座位?

Duìbuqǐ, néng bù néng huàn yíxià zuòwèi?

뚜웨이부치 넝뿌넝 환이샤 쭈어웨이

승무원에게 부탁할 때

담요를 갖다 주세요.

请 给 我 一 张 毛 毯。

Qǐng gěi wǒ yì zhāng máotán.

칭 게이워 이쨩zh 마오탄

한국 신문이 있습니까?

有 没 有 韩 国 报 纸?

Yǒu méi yǒu Hánguó bàozhǐ?

요메이요 한구워 빠오즈zh

한국어를 할 수 있는 승무원이 있습니까?

有 没 有 会 说 韩 语 的 乘 务 员?

Yǒu méi yǒu huì shuō Hányǔ de chéngwùyuán?

요메이요 후웨이 슈sh워 한위더 청ch우위엔

마실 것 좀 주세요.

请 给 我 饮 料。

Qǐng gěi wǒ yǐnliào.

칭 게이 워 인리아오

기내에서 식사주문할 때

무엇을 마시겠습니까?

您 要 喝 点 儿 什 么?

Nín yào hē diǎnr shénme?

닌 야오 허디얼 션sh머

커피 한 잔 주세요.

请 给 我 一 杯 咖 啡。

Qǐng gěi wǒ yì bēi kāfēi.

칭 게이워 이뻬이 카페f이

주스 / 생수 / 녹차

果汁 / 矿泉水 / 绿茶

guǒ zhī / Kuàng quán shuǐ / lǜ chá

꾸워즈zh / 쾅취엔슈sh에이 / 뤼챠ch

한 잔 더 주세요.

请 再 给 我 一 杯。

Qǐng zài gěi wǒ yì bēi.

칭 짜이 게이워 이뻬이

실례지만, 언제 식사를 하나요?

请问, 几点能吃饭?

Qǐng wèn, jǐ diǎn néng chī fàn?

칭원 지 디엔 넝 츠ch 판f

한 시간 후에 합니다.

一个小时以后。

Yí ge xiǎoshí yǐhòu.

이꺼 시아오스sh 이허우

소고기로 하시겠습니까, 닭고기로 하시겠습니까?

牛肉还是鸡肉?

Niúròu hái shì jīròu?

니우뤄r우 하이스sh 지뤄r우

소고기로 하겠습니다.

牛肉。

Niúròu.

니우뤄r우

컨디션이 좋지 않을 때

몸이 안 좋습니다.

我身体不舒服。

Wǒ shēntǐ bùshūfu.

워 션sh티 뿌슈sh푸f

제가 비행기 멀미가 좀 나는데요.

我有点儿晕机。

Wǒ yǒu diǎnr yùnjī.

워 요우디얼 윈지

멀미약 좀 주세요.

请给我晕车药。

Qǐng gěi wǒ yùnchēyào.

칭 게이 워 윈쳐ch야오

머리가 아픕니다.

头痛。

Tóu tòng.

토우퉁

배가 아픕니다.

肚子痛。

Dùzi tòng.

뚜즈퉁

의자 좀 눕혀도 될까요?

椅子放躺好吗?

Yǐzi fàngtǎng hǎo ma?

이즈 팡탕 하오 마

기내에서 나오는 멘트

안전벨트를 매주십시오.

请您系好安全带。

Qǐng nín jìhǎo ānquándài.

칭닌 지하오 안취엔따이

선반을 올려 주십시오.

请收好桌板。

Qǐng shōu hǎo zhuōbǎn.

칭 셔sh우하오 쮸zh워반

비행기가 곧 이륙하겠습니다.

飞机马上就到起飞了。

Fēijī mǎshàng jiù dào qǐfēi le.

페f이지 마샹sh 지우따오 치페f일 러

입국신고서를 작성해 주십시오.

请您填一下入境登记卡。

Qǐng nín tián yíxià rùjìng dēngjìkǎ.

칭 닌 티엔이샤 루r징 떵지카

비행기는 잠시 후에 북경 수도 공항에 도착합니다.

飞 机 一 会 儿 就 到 北 京 首 都 机 场。

Fēijī yí huìr jiù dào Běijīng shǒudū jīchǎng.

페f이지 이후얼 지우따오 베이징 쇼sh우뚜 지창ch

저희 항공사를 이용해 주셔서 감사합니다.

感 谢 您 使 用 本 次 航 班。

Gǎnxiè nín shǐyòng běncì hángbān.

깐시에 닌 스sh용 번츠 항빤

입국신고서 작성

외국인은 영어로 쓰여진 면에 작성하면 된다.

★ 입국신고서 ★

```
入 境 登 记 卡   ARRIVAL CARD
填写前请认真阅读背面说明
Please read the points for attention on the back before filling

姓 Family Name              名 Given Name

出 生 日 期  年   月    日   性别
Date of Birth  Y   M    D   Sex

国 籍                       护照·证件号码
Nationality                 Passport or Certificate No.

中 国 签 证 号               签 发 地
Chinese Visa No.            Place of Issue

偕 行 人 数                  航 班 (车 次)
Accompanying number         Flight (Train) No.

职 业：        1.行政管理人员
Occupation     Legislators & Administrators
2.专业技术人员              3.办事员
Professionals & Technical    Clerk
4.商业人员      5.服务人员    6.农民
Commerce       Service       Farmer
7.工人          8.其他         9.无职业
Worker         Others        Jobless

在 华 地 址
Address in China (Hotel)

旅 客 签 名
Signature

官方填写：   W U Y D Z X F L G C T M   证件种类
Official Use Only
```

① 성 / 이름 ② 생년월일 / 성별 ③ 국적 ④ 여권번호
⑤ 비자번호 ⑥ 비자발급지 ⑦ 동행인 수 ⑧ 비행기 편명
⑨ 직업 ⑩ 중국거주지 ⑪ 서명

입국신고서 작성

입국신고서를 작성해 주십시오.

请 您 填 写 入 境 登 记 卡。

Qǐng nín tián xiě rùjìng dēngjìkǎ.

칭 닌 티엔시에 루징 떵지카

이곳에 무엇을 써야 하나요?

这 个 地 方 该 填 写 什 么?

Zhè ge dìfang gài tián xiě shénme?

쩌zh거 띠팡f 까이 티엔시에 션sh머

한 장 더 주시겠습니까?

请 再 给 我 一 张 好 吗?

Qǐng zài gěi wǒ yìzhāng hǎo ma?

칭 짜이게이 워 이짱zh 하오 마

죄송하지만, 펜이 있습니까?

对 不 起, 有 笔 吗?

Duìbuqǐ, yǒu bǐ ma?

뛔이부치 여우 삐 마

다른 비행기로 갈아탈 때

어디에서 비행기를 갈아탑니까?

在 哪 儿 转 机?

Zài nǎr zhuǎn jī?

짜이날 쮜zh안지

어느 비행기로 갈아타십니까?

换 乘 哪 班 飞 机?

Huàn chéng nǎ bān fēijī?

환 청ch 나 빤 페f이지

5번 게이트가 어느 쪽입니까?

五 号 登 机 口 在 哪 儿?

Wǔ hào dēngjīkǒu zài nǎr?

우 하오 떵지커우 짜이날

비행기를 갈아타려면, 이 길이 맞습니까?

要 转 机, 这 条 路 对 吗?

Yào zhuǎn jī, zhè tiáo lù duì ma?

야오 쮜zh안 지 쩌zh 티아오 루 뚜이 마

입국심사

▶ 여권과 왕복 비행기표, 입국신고서를 미리 준비한 후 외국인 창구에 제출하면 된다

여권 좀 보여 주십시오.

请 给 看 一 下 护 照。

Qǐng gěi kàn yíxià hùzhào.

칭 게이칸 이샤 후짜zh오

방문 목적은 무엇입니까?

访 问 目 的 是 什 么?

Fǎngwèn mùdi shì shénme?

팡f원 무디 스sh 션sh머

관광 / 여행 / 유학 / 출장 / 친척 방문차 왔습니다.

观光 / 旅游 / 留学 / 出差 / 探亲

Guānguāng / lǚyóu / liúxúe / chūchāi / tānqīn

꽌꽝 / 뤼여우 / 리우쉬에 / 츄ch챠ch이 / 탄친

중국에 며칠 계실 겁니까?

在 中 国 住 几 天?

Zài Zhōngguó zhù jǐtiān?

짜이 쫑zh구워 쮸zh 지티엔

5일 정도입니다.

五天左右。

Wǔtiān zuǒyòu.

우티엔 쭈워여우

직업이 무엇입니까?

职业是什么?

Zhíyè shì shénme?

즈zh예 스sh 션sh머

학생입니다. / 사업을 합니다.

是学生。 / 工作。

shì xuésheng. / gōngzuò.

스sh 쉬에셩sh / 꽁쭈워

짐을 찾을 수 없을 때

실례지만, 어디에서 짐을 찾나요?

请问, 在哪里取行李?

Qǐngwèn, zài nǎli qǔ xíngli?

칭원 짜이 나리 취 싱리

제 짐을 찾지 못했습니다.

我找不到我的行李。

Wǒ zhǎo bú dào wǒ de xíngli.

워 쟈zh오부따오 워더 싱리

제 짐이 도착하지 않았습니다.

我的行李没有到。

Wǒ de xíngli méi yǒu dào.

워더 싱리 메이여우 따오

얼마나 기다려야 찾을 수 있나요?

要等多久可以找到?

Yào děng duō jiǔ kěyǐ zhǎo dào?

야오덩 뚜워지우 커이 쟈zh오따오

이것은 제 짐입니다.

这 是 我 的 行 李。

Zhè shì wǒ de xíngli.

쩌zh 스sh 워더 싱리

세관을 통과할 때

신고할 물건이 있습니까?

有 要 申 报 的 东 西 吗?

Yǒu yào shēnbào de dōngxi ma?

여우 야오 션sh빠오 더 똥시 마

아니오, 없는데요.

没 有。

Méi yǒu.

메이여우

가방을 열어봐도 되겠습니까?

可 以 打 开 一 下 行 李 吗?

Kěyǐ dǎkāi yíxià xíngli ma?

커이 다카이 이샤 싱리 마

보세요.

请 看。

Qǐng kàn.

칭 칸

이 트렁크 안에는 무엇이 있습니까?

这箱子里有什么?

Zhè xiāngzi li yǒu shénme?

쪄zh 시앙쯔리 여우 션sh머

선물입니다.

是礼品。

Shì lǐpǐn.

스sh 리핀

가방을 닫아도 될까요?

我可以把行李收起来吗?

Wǒ kěyǐ bǎ xíngli shōu qǐ lái ma?

워 커이 바 싱리 쇼우 치라이 마

환전하기

환전소는 어디에 있습니까?

兑换处在哪儿?

Duìhuànchù zài nǎr?

뚜에이후완츄ch 짜이날

인민폐로 바꾸려고 합니다.

我要换成人民币。

Wǒ yào huànchéng rénmínbì.

워 야오 후완 청ch 런r민삐

이 여행자수표를 현금으로 바꾸고 싶습니다.

请把这张旅行支票换成现款。

Qǐng bǎ zhè zhāng lǚxíng zhīpiào huànchéng xiànkuǎn.

칭 바 쪄zh 쨩zh 뤼싱 즈zh 피아오 후완 청ch 시엔콴

얼마나 바꾸시겠습니까?

您要换多少?

Nín yào huàn duōshao.

닌 야오 후완 뚜워샤sh오

여권을 보여 주세요.

请出示护照。

Qǐng chū shì hùzhào.

칭 츄ch스sh 후짜zh오

잔돈도 섞어 주세요.

请给我一点零钱。

Qǐng gěi wǒ yì diǎn língqián.

칭 게이워 이디엔 링치엔

여기에 사인하십시오.

请在这里签名。

Qǐng zài zhè li qiānmíng.

칭 짜이 쩌zh리 치엔밍

오늘 환율이 얼마인가요?

今天的汇率是多少?

Jīntiān de huìlǜ shi duōshao.

찐티엔 더 후웨이뤼 스sh 뚜워샤sh오

공항에서 목적지까지

안내소가 어디에 있습니까?

询问处在哪儿?

Xúnwènchù zài nǎr?

쉰원츄ch 짜이날

시내 지도를 한 장 주시겠습니까?

请给我一张市区地图好吗?

Qǐng gěi wǒ yì zhāng shìqū dìtú hǎo ma?

칭 게이워 이쨩zh 스sh취 띠투 하오마

이 주소가 어디인지 봐주세요.

请看一下这个地址在什么地方?

Qǐng kàn yí xià zhè ge dìzhǐ zài shénme dìfang?

칭 칸이샤 쩌zh거 띠즈zh 짜이 션sh머 띠팡f

여기에서 호텔예약을 할 수 있습니까?

在这儿可以豫订饭店吗?

Zài zhèr kěyǐ yùdìng fàndiàn ma?

짜이 쩔zh 커이 위띵 판f띠엔 마

하루에 얼마입니까?

一天多少钱?

Yìtiān duōshao qián?

이티엔 뚜워샤sh오 치엔

공항버스를 어디에서 탑니까?

民航班车在哪儿坐?

Mínháng bānchē zài nǎr zuò?

민항 빤쳐ch 짜이날 쭈워

표는 얼마입니까?

车票多少钱?

Chēpiào duōshao qián?

쳐ch피아오 뚜워샤sh오 치엔

택시 승강장은 어디 있습니까?

请问, 出租车站在哪儿?

Qǐngwèn, chūzūchēzhàn zài nǎr?

칭원, 츄ch주쳐ch짠zh 짜이날

기사님, 북경호텔로 갑시다.

师傅, 请到北京饭店。

Shīfu, qǐng dào Běijīng fàndiàn.

스sh푸f, 칭 따오 베이징 판f띠엔

세

얼마나 걸리지요?

要 多 长 时 间?

Yào duōcháng shíjiān?

야오 뚜워 챵ch 스sh지엔

약 1시간입니다.

大 概 一 个 小 时。

Dàgài yíge xiǎoshí.

따까이 이꺼 시아오스sh

짐을 차 트렁크에 실어 주시겠어요?

请 把 我 的 行 李 放 在 车 箱 里 好 吗?

Qǐng bǎ wǒ de xíngli fàng zài chēxiāng li hǎo ma?

칭 빠 워더 싱리 팡f짜이 처ch시앙리 하오마

택시를 하루 전세 내려면 얼마나 합니까?

包 一 天 的 车 多 少 钱?

Bāo yìtiān de chē duōshao qián?

빠오 이티엔더 처ch 뚜워샤sh오 치엔

저 앞에서 좌회전해 주세요.

在 前 边 儿 往 左 拐。

Zài qiánbiānr wǎng zuǒ guǎi.

짜이 치엔삐얼 왕 쭈워꽈이

사거리에서 우회전해 주세요.

在十字路口往右拐。

Zài shízìlùkǒu wǎng yòu guǎi.

짜이 스sh쯔루커우 왕 요우꽈이

저 앞에 세워 주세요.

前边儿停一下。

Qiánbiānr tíng yí xià.

치엔삐얼 팅이샤

잔돈은 안 주셔도 됩니다.

不用找了。

Búyòng zhǎo le.

뿌용 쟈zh올 러

영수증을 주세요.

请发票。

Qǐng fā piào.

칭 파f 피아오

숙소
에서

호텔 체크인 하기

방을 예약해 두었는데요.

我已经预订了房间。

Wǒ yǐjīng yùdìng le fángjiān.

워 이징 위띵러 팡f지엔

빈 방 있습니까?

有空房间吗?

Yǒu kòng fángjiān ma?

여우 콩 팡f지엔 마

얼마나 계실 건가요?

您要住几天?

Nín yào zhù jǐ tiān?

닌 야오 쮸zh 지티엔

3일 정도 묵을 겁니다.

三天左右。

Sān tiān zuǒyòu.

싼티엔 쭈워여우

1인실을 원하시나요, 2인실을 원하시나요?

您要单人房还是双人房?

Nín yào dānrénfáng háishì shuāngrénfáng?

닌 야오 딴런팡f 하이스sh 슈sh앙런팡f

도미토리 있습니까?

有没有多人房?

Yǒu méi yǒu duōrénfáng?

요메이요 뚜워런팡f

지금은 없습니다, 손님이 다 찼습니다.

现在没有, 都客满了。

Xiàn zài méi yǒu, dōu kè mǎn le.

시엔짜이 메이여우, 떠우 커만(ㄹ)러

너무 비싸네요, 할인은 안 되나요?

太贵了, 有没有打折?

Tài guì le, yǒu méi yǒu dǎzhé?

타이 꾸웨이러, 요메이요 따져zh

지금은 비수기인데 좀 더 싸게 해주십시오.

现在是淡季, 便宜点儿吧。

Xiànzài shì dànjì, piányi diǎnr ba.

시엔짜이 스sh 딴지, 피엔이 띠얼 바

70

아침 식사는 포함됩니까?

包括早餐吗?

Bāokuò zǎocān ma?

빠오쿠워 짜오찬 마

먼저 방을 볼 수 있을까요?

可以先看房间吗?

Kěyǐ xiān kàn fángjiān ma?

커이 시엔칸 팡f지엔 마

언제 돈을 지불하지요?

什么时候交费?

Shénme shíhou jiāo fèi?

션sh머 스훠 지아오페f이

지금이나 체크아웃 하실 때나 다 됩니다.

现在或是退房时都可以。

Xiànzài huòshì tuìfáng shí dōu kěyǐ.

시엔짜이 후워스sh 투웨이팡f스sh 떠우 커이

보증금을 내야 하나요?

要押金吗?

Yào yājīn ma?

야오 야진 마

하루 더 묵으려고 하는데 가능합니까?

要再住一天, 可以吗?

Yào zài zhù yì tiān, kěyǐ ma?

야오 짜이 쮸zh 이티엔 커이마

객실에 에어컨과 TV는 있나요?

客房里有空调和电视吗?

Kèfáng li yǒu kōngtiáo hé diànshì ma?

커팡f리 여우 콩티아오 허 띠엔스sh 마

온수는 하루종일 나옵니까?

整天都有热水吗?

Zhěngtiān dōu yǒu rèshuǐ ma?

정zh티엔 떠우 여우 러r슈sh에이 마

룸서비스 받을 때

내일 아침 7시에 모닝콜을 부탁드립니다.

明天 早上 七 点 钟, 请 给 我 叫 醒 电话。

Míngtiān zǎoshang qīdiǎn zhōng, qǐng gěi wǒ jiàoxǐng diànhuò.

밍티엔 짜오샹sh 치디엔종zh, 칭 게이워 지아오싱 띠엔후와

뜨거운 물 좀 갖다 주세요.

请 把 开 水 送 来。

Qǐng bǎ kāishuǐ sòng lái.

칭 빠 카이슈sh에이 쏭 라이

여보세요! 여기는 312호실입니다.

喂! 这 里 是 312 房 间。

Wéi! Zhè li shì sān yāo èr fángjiān.

웨이! 쩌zh리 스sh 싼야오얼 팡f지엔

제 방으로 와 주시겠어요?

请 来 一 下 我 的 房 间 好 吗?

Qǐng lái yí xià wǒ de fángjiān hǎo ma?

칭 라이이샤 워더 팡f지엔 하오 마

온수는 몇 시에 나옵니까?

几点有热水?

Jǐ diǎn yǒu rèshuǐ?

지디엔 여우 러r슈sh에이

이 옷을 세탁하고 싶은데, 언제까지 됩니까?

我想洗衣服, 什么时候可以洗好?

Wǒ xiǎng xǐ yīfu, shénme shíhou kěyǐ xǐhǎo?

워 시앙 시이푸f, 션sh머 스sh허우 커이 시하오

이 옷을 다림질 해주세요.

请把这件衣服烫一下。

Qǐng bǎ zhè jiàn yīfu tàng yí xià.

칭 빠 쪄zh지엔 이푸f 탕 이샤

아침 식사는 어디에서 합니까?

早餐在什么地方吗?

Zǎocān zài shénme dìfang ne?

짜오찬 짜이 션sh머 띠팡f 너

인터넷을 이용할 수 있습니까?

可以上网吗?

Kěyǐ shàng wǎng ma?

커이 샹sh왕 마

기차표를 예매하고 싶은데요.

我想订购火车票。

Wǒ xiǎng dìnggòu huǒchēpiào.

워 시앙 띵꺼우 후워쳐ch피아오

택시를 한 대 불러주세요.

请叫一辆出租车。

Qǐng jiào yí liàng chūzūchē.

칭 지아오 이리앙 츄ch주쳐ch

문제가 생겼을 때

온수가 안 나오는데요.

没有热水。

Méi yǒu rèshuǐ.

메이요 러슈sh에이

에어컨이 고장났습니다.

冷气机坏了。

Lěngqìjī huài le.

렁치지 화일러

히터를 켤 수가 없어요.

暖气打不开。

Nuǎnqì dǎ bu kāi.

누안치 따부카이

열쇠를 방에 두고 나왔습니다, 문 좀 열어 주세요.

钥匙放在房间里了，请帮我开门。

Yàoshi fàng zài fángjiān li le, qǐng bāng wǒ kāi mén.

야오스sh 팡f짜이 팡f지엔리(ㄹ)러, 칭 빵워 카이먼

변기가 막혔습니다.

马桶堵塞了。

Mǎtǒng dǔsè le.

마퉁 뚜썰 러

방안의 불이 안 켜져요.

房间里的电灯不亮。

Fángjiān li de diàndēng bú liàng.

팡f지엔리 더 띠엔떵 뿌리앙

방안이 좀 춥네요.

房间冷一点儿。

Fángjiān lěng yì diǎnr.

팡f지엔 렁 이디알

체크아웃 할 때

오늘 체크아웃 하려고 합니다.

今天我要退房。

Jīntiān wǒ yào tuìfáng.

진티엔 워 야오 투웨이팡f

몇 호실이신가요?

您是几号房间?

Nín shì jǐ hào fángjiān?

닌 스sh 지하오 팡f지엔

305호실입니다.

三零五号。

Sān líng wǔ hào.

싼 링 우 하오

계산서를 제 방으로 보내주십시오.

请把帐单送到房间来。

Qǐng bǎ zhàngdān sòng dào fángjiān lái.

칭 바 쌍zh딴 쏭따오 팡f지엔 라이

달러로 계산해도 됩니까?

可以用美金付吗?

Kěyǐ yòng měijīn fù ma?

커이 용 메이진 푸f 마

계산이 잘못된 것 같습니다.

你们好像算错了。

Nǐmen hǎoxiàng suàncuò le.

니먼 하오시앙 쑤안추얼 러

제 짐을 보관해주시겠습니까?

把我的行李保管一下好吗?

Bǎ wǒ de xíngli bǎoguǎn yí xià hǎo ma?

빠 워더 싱리 바오꽌 이샤 하오 마

택시를 불러주십시오.

请替我叫一辆出租车。

Qǐng tì wǒ jiào yí liàng chūzūchē.

칭 티워 지아오 이리앙 츄ch주처ch

당신들의 서비스에 감사드립니다.

谢谢你们的服务。

Xièxie nǐmen de fúwù.

시에시에 니먼 더 푸f우

식당
에서

고급 레스토랑 예약 방법

이 부근에 좋은 식당을 하나 소개해 주십시오.

请介绍这附近的高级餐厅。

Qǐng jièshào zhè fùjìn de gāojí cāntīng.

칭 지에샤오sh오 쩌zh 푸f진더 까오지 찬팅

예약을 해야 합니까?

需要预订吗?

Xūyào yùdìng ma?

쉬야오 위띵 마

6시에 좌석을 예약하고 싶은데요.

我想预订 6 点的座位。

Wǒ xiǎng yùdìng liù diǎn de zuòwèi.

워 시앙 위띵 리우디엔 더 쭈워웨이

몇 분이시죠?

你们几位?

Nǐmen jǐ wèi?

니먼 지 웨이

5명입니다.

五 位。

Wǔ wèi.

우 웨이

룸 있습니까?

有 房 间 吗?

Yǒu fángjiān ma?

여우 팡f지엔 마

창가 쪽 자리 있습니까?

有 靠 窗 的 座 位 吗?

Yǒu kào chuáng de zuòwèi ma?

여우 카오츄ch앙 더 쭈워웨이 마

식사 주문

아가씨, 메뉴 좀 보여 주세요.

小姐，请给我菜单。

Xiǎojiě, qǐng gěi wǒ càidān.

시아오지에 칭 게이 워 차이딴

무슨 요리를 주문하시겠습니까?

你们要点什么菜?

Nǐmen yào diǎn shénme cài?

니먼 야오 디엔 션sh머 차이

맛있는 요리 좀 추천해 주시겠어요?

请推荐好吃的菜好吗?

Qǐng tuījiàn hǎochī de cài hǎo ma?

칭 투웨이지엔 하오츠ch 더 차이 하오마

이 음식점에서 제일 잘하는 요리는 무엇입니까?

这儿的拿手菜是什么?

Zhèr de náshǒucài shì shénme?

쩔zh 더 나쇼sh우차이 스sh 션sh머

우리는 철판소고기와 마파두부로 하겠습니다.

我们要一个铁板牛肉和麻婆豆腐。

Wǒmen yào yí ge tiěbǎnniúròu hé mápódòufu.

워먼 야오 이꺼 티에빤니우뤄r우 허 마포떠우푸f

요리 나왔습니다. 천천히 드십시오.

菜来了，请慢用。

Cài lái le, Qǐng màn yòng.

차이 라일 러 칭 만 용

이 요리 드셔 보신 적 있으세요?

这道菜你吃过吗?

Zhè dào cài nǐ chī guò ma?

쩌zh따오차이 니 츠ch꾸워 마

많이 드세요.

请多吃点儿。

Qǐng duō chī diǎnr.

칭 뚜워 츠ch디얼

이 요리의 재료는 무엇입니까?

这道菜的材料是什么?

Zhè dào cài de cáiliào shì shénme?

쩌zh따오차이 더 차이리아오 스sh 션sh머

맛이 어떻습니까?

味道怎么样?

Wèidao zěnmeyàng?

웨이따오 쩐머양

밥 한 공기 더 주세요.

再给我一碗米饭。

Zài gěi wǒ yì wǎn mǐfàn.

짜이 게이워 이완 미판f

술 한 병 하시겠습니까?

来一瓶酒好吗?

Lái yì píng jiǔ hǎo ma?

라이 이 핑 지우 하오마

편한대로 하세요.

随你意。

Suí nǐ yì.

쒜이 니 이

술이 왔네요. 제가 한잔 따라드리지요.

酒来了, 我敬你一杯。

Jiǔ lái le, Wǒ jìng nǐ yì bēi.

지우 라일 러 워 징니 이뻬이

오늘 식사 정말 잘 먹었습니다.

今天 吃 得 好 痛 快。

Jīntiān chī de hǎo tòngkuài.

진티엔 츠ch더 하오 통콰이

대접해 주셔서 감사합니다.

기회 있을 때 제가 꼭 대접하도록 하겠습니다.

谢 谢 您 的 款 待. 有 机 会 我 要 回 请 你。

Xièxie nín de kuǎndài. Yǒu jīhuì wǒ yào huí qǐng nǐ.

시에시에 닌더 쿠완따이 여우 지 후웨이 워 야오 후웨이칭 니

웨이터에게 도움을 요청할 경우

테이블 좀 닦아주세요.

请 擦 一 下 餐 桌。

Qǐng cā yí xià cānzhuō.

칭 차이샤 찬쮸zh워

차 좀 주시겠어요?

请 给 我 茶 水, 好 吗?

Qǐng gěi wǒ cháshuǐ, hǎo ma?

칭 게이워 챠ch슈sh에이 하오마

냅킨 좀 갖다주세요.

请 给 我 餐 巾 纸。

Qǐng gěi wǒ cānjīnzhǐ.

칭 게이워 찬진즈zh

우리가 주문한 요리가 아직 안 나왔습니다.

我 们 点 的 菜 还 没 上 呢。

Wǒmen diǎn de cài hái méi shàng ne.

워먼 디엔더 차이 하이 메이 샹sh 너

이 요리를 다시 좀 데워주세요.

这 道 菜, 再 热 一 下。

Zhè dào cài, zài rè yí xià.

쩌zh따오차이 짜이 러r이샤

치워도 될까요?

可 以 撤 了 吗?

Kěyǐ chè le ma?

커이 철ch러 마

싸 주세요.

打 包 一 下。

Dǎbāo yí xià.

다빠오 이샤

음식값 지불하기

계산서 주세요.

买单! / 请结帐。

Mǎidān! / Qǐng jiézhàng.

마이딴 / 칭 지에짱zh

모두 얼마입니까?

一共多少钱?

Yígòng duōshao qián?

이꽁 뚜워샤sh오 치엔

영수증을 주세요.

给我收据。

Gěi wǒ shōujù.

게이워 셔우쥐

계산이 잘못된 것 같은데요.

好像算错了。

Hǎoxiàng suàncuò le.

하오시앙 쑤안추월 러

오늘은 제가 내겠습니다.

今天我请客你。

Jīntiān wǒ qǐngkè nǐ.

진티엔 워 칭커 니

우리 더치페이로 합시다.

我们各付各的吧。

Wǒmen gèfùgède ba.

워먼 꺼푸f꺼더 바

술집이나 찻집에서

어떤 술을 드시겠습니까?

你 要 喝 什 么 酒?

Nǐ yào hē shénme jiǔ?

니 야오 허 션sh머 지우

맥주 두 병 주세요.

给 我 两 瓶 啤酒。

Gěi wǒ liǎng píng píjiǔ.

게이워 리앙핑 피지우

한 병 더 주세요.

再 来 一 瓶。

Zài lái yì píng.

짜일 라이 이 핑

어떤 안주가 있습니까?

有 什 么 酒 菜?

Yǒu shénme jiǔcài?

여우 션sh머 지우차이

과일샐러드 하나 주세요.

给 我 一 盘 水 果 莎 拉。

Gěi wǒ yì pán shuǐguǒ shālā

게이워 이판 슈sh에이꾸워 샤sh라

저는 술을 잘 못 마십니다.

我 不 太 会 喝 酒。

Wǒ bú tài huì hē jiǔ.

워 부타이 후웨이 허지우

주량이 대단하시군요.

你 的 酒 量 是 海 量!

Nǐ de jiǔliàng shì hǎiliàng.

니더 지우리앙 스sh 하이리앙

한국인들은 술잔을 돌립니다.

韩 国 人 回 敬 酒。

Hánguórén huí jìng jiǔ.

한꾸워런 후웨이징 지우

취하지 않게 조심하세요.

小 心 别,喝 醉 了。

Xiǎoxīn bié hēzuì le.

시아오신 비에 허쮀 일 러

어떤 중국차를 좋아하십니까?

你 喜 欢 什 么 中 国 茶?

Nǐ xǐhuan shénme Zhōngguóchá?

니 시환 션sh머 쫑zh꾸워 챠ch

차가운 것으로 하시겠습니까, 뜨거운 것으로 하시겠습니까?

你 要 热 的 还 是 冰 的?

Nǐ yào rè de háishì bīng de?

니 야오 르r어더 하이스sh 삥더

커피 한 잔 주세요.

给 我 一 杯 咖 啡。

Gěi wǒ yì bēi kāfēi.

게이워 이뻬이 카페f이

패스트푸드점 이용하기

햄버거 하나, 콜라 한 잔 주세요.

一个汉堡, 一杯可乐。

Yí ge hànbǎo, yì bēi kělè.

이꺼 한빠오 이뻬이 컬러

가져가실 건가요, 여기서 드실 건가요?

带走还是在这儿吃?

Dàizǒu háishì zài zhèr chī?

따이쩌우 하이스sh 짜이 쩔zh 츠ch

포장해 주세요.

打包吧。

Dǎbāo ba.

다빠오 바

프라이드치킨 두 조각 주세요.

给我两块炸鸡。

Gěi wǒ liǎng kuài zhájī.

게이워 리앙콰이 쟈zh지

3번 세트로 주세요.

三 号 套 餐。

Sān hào tàocān.

싼하오 타오찬

토마토케첩을 몇 개 더 주세요.

多 给 我 几 个 番 茄 酱。

Duō gěi wǒ jǐ ge fānqièjiàng.

뚜워 게이워 지거 판f치에지앙

빨대는 어디에 있습니까?

吸 管 在 哪 儿?

Xīguǎn zài nǎr?

시꽌 짜이날

아이스크림 주세요.

给 我 一 个 冰 淇 林。

Gěi wǒ yí ge bīngqílín.

게이워 이꺼 삥치린

콘샐러드도 주세요.

还 要 一 个 玉 米 莎 拉。

Hái yào yí ge yùmǐ shālā

하이야오 이꺼 위미샤sh라

97

대중교통
이용하기

~는 어디에 있습니까?

~在 哪 儿?

~zài nǎr?

~짜이날

이 근처에 ~가 있습니까?

附 近 有 ~ 吗?

Fùjìn yǒu ~ ma?

푸f진 여우 ~ 마

~를 가려고 하는데 어떻게 가면 되나요?

去 ~ 怎 么 走?

Qù ~ zěnme zǒu?

취 ~ 쩐머 쪼우

여기는 어디입니까?

这 是 什 么 地 方?

Zhè shì shénme dìfang?

쩌zh 스sh 션sh머 띠팡f

길을 잃었습니다.

我 迷 路 了。

Wǒ mí lù le.

워 미룰 러

좀 데려다 주실 수 있습니까?

你 可 以 带 我 去 吗?

Nǐ kěyǐ dài wǒ qù ma?

니 커이 따이워 취 마

걸어갑니까, 아니면 차를 탑니까?

走 路 还 是 坐 车?

Zǒulù háishì zuòchē?

저울루 하이스sh 쭈워쳐ch

여기에서 먼가요?

离 这 儿 远 吗?

Lǐ zhèr yuǎn ma?

리 쩔zh 위엔 마

그다지 멀지 않습니다.

不 太 远。

Bú tài yuǎn.

부 타이 위엔

길을 건너가야 합니까?

要过马路吗?

Yào guò mǎlù ma?

야오 꾸워 마루 마

(지도를 펴고) 지금 제가 있는 곳을 좀 알려 주시겠어요?

我现在在什么地方, 可以告诉我好吗?

Wǒ xiànzài zài shénme dìfang, kěyǐ gàosu wǒ hǎo ma?

워 시엔짜이 짜이 션sh머 띠팡f 커이 까오쑤 워 하오마

얼마나 가야 합니까?

要走多长时间?

Yào zǒu duōcháng shíjiān?

야오 쩌우 뚜워챵ch 스sh지엔

~분 정도면 도착합니다.

~分钟就到。

~fēn zhōng jiù dào.

~펀f쫑zh 지우 따오

택시를 탈 때

기사 아저씨, ~ 호텔로 가주세요.

师傅, 请到 ~ 饭店。

Shīfu, qǐng dào ~ fàndiàn.

스sh푸f 칭 따오 ~ 판f띠엔

거기까지 얼마나 걸립니까?

到那儿要多长时间?

Dào nàr yào duōcháng shíjiān?

따오 날 야오 뚜워챵ch 스sh지엔

저 사거리에서 우회전해 주세요.

在那儿的十字路口往右拐。

Zài nàr de shízìlùkǒu wǎng yòu guǎi.

짜이날 더 스sh쯔루커우 왕 요우꽈이

직진해 주세요

一直走。

yì zhí zǒu.

이즈zh 쩌우

U턴 해주세요.

掉头儿走。

Diào tóur zǒu.

띠아오톨 쩌우

좀 천천히 가주시겠어요?

开慢点儿, 好吗?

Kāi màn diǎnr, hǎo ma?

카이 만띠얼 하오마

이 시간에 차가 막힙니까?

这个时候堵车吗?

Zhè ge shíhou dǔ chē ma?

쩌zh거 스sh홀 뚜쳐ch 마

택시를 하루 전세 내면 얼마입니까?

包一天的出租车多少钱?

Bāo yì tiān de chūzūchē duōshao qián?

빠오 이티엔 더 츄ch쭈쳐ch 뚜워샤sh오 치엔

다 왔습니다. 저 앞에 세워 주세요.

到了, 前边儿停一下。

Dào le, qiánbiānr tíng yí xià.

따올 러 치엔삐얼 팅이샤

거스름돈이 부족합니다.

零 钱 不 够。

Língqián búgòu.

링치엔 부꺼우

거스름돈은 필요 없습니다.

不 用 找 钱。

Bú yòng zhǎoqián.

부용 쟈zh오치엔

버스를 탈 때

버스정류장이 어디에 있습니까?

车 站 在 哪 儿?

Chē zhàn zài nǎr?

처ch짠zh 짜이날

여기 ~번 버스가 있습니까?

这 儿 有 ~路 公 共 汽 车 吗?

Zhèr yǒu ~lù gōnggòng qìchē ma?

쩔zh 요우 ~루 꽁꽁치처ch 마

~에 가려면 몇 번 버스를 타야 합니까?

到~ 坐 儿 路 车?

Dào~ zuò jǐ lù chē?

따오~ 쭈워 지루처ch

~에 갑니까?

到~ 吗?

Dào~ ma?

따오~ 마

표를 사려고 하는데, ~까지 얼마입니까?

我 要 买 票, 到~ 多 少 钱?

Wǒ yào mǎi piào, dào~ duōshao qián?

워 야오 마이피아오 따오~ 뚜워샤sh오 치엔

~에 가려면 어디에서 내려야 합니까?

到~ 在 哪 儿 下 车?

Dào~ zài nǎr xià chē?

따오~ 짜이날 시아쳐ch

어디서 갈아탑니까?

在 哪 儿 换 车?

Zài nǎr huàn chē?

짜이날 후완 쳐ch

도착하면 알려 주세요.

到 了 请 告 诉 我。

Dào le qǐng gàosu wǒ.

따올 러 칭 까오쑤 워

몇 정거장이나 남았나요?

还 有 几 站?

Hái yǒu jǐ zhàn?

하이 여우 지 짠zh

버스를 잘못 탔습니다.

我 上 错 车 了。

Wǒ shàng cuò chē le.

워 샹 추워 철ch 러

지하철을 이용할 때

지하철역이 어디에 있습니까?

地铁站 在 哪儿?

Dìtiězhàn zài nǎr?

띠티에짠zh 짜이날

매표소는 어디에 있지요?

售票处 在 哪儿?

Shòupiàochù zài nǎr?

셔sh우피아오츄ch 짜이날

표 한 장에 얼마입니까?

一张 多少 钱?

Yì zhāng duōshao qián?

이 짱zh 뚜워샤오 치엔

표 세 장 주세요.

给我 三 张 票。

Gěi wǒ sān zhāng piào.

게이워 싼 짱zh 피아오.

1호선으로 갈아타려면 어디에서 내려야 합니까?

要 换 一 线 在 哪 儿 下 车?

Yào huàn yí xiàn zài nǎr xià chē?

야오 후완 이시엔 짜이날 시아쳐ch

다음 역은 어디입니까?

下 一 个 车 站 是 哪 儿?

Xià yí ge chēzhàn shì nǎr?

시아 이꺼 쳐ch짠zh 스sh 날

천안문으로 가는 출구는 어느 쪽인가요?

往 天 安 门 的 出 口 是 什 么 方 向?

Wǎng tiānānmén de chūkǒu shì shénme fāngxiàng?

왕 티엔안먼 더 츄ch커우 스sh 션sh머 팡f시앙

기차를 이용할 때

베이징역은 어떻게 갑니까?

北京火车站怎么走?

Běijīng huǒchēzhàn zěnme zǒu?

베이징 후워처ch짠zh 쩐머 쩌우

매표소는 어디에 있습니까?

售票处在哪儿?

Shòupiàochù zài nǎr?

쇼sh우피아오츄ch 짜이날

열차시간표는 어디에서 살 수 있나요?

火车时间表在哪儿买?

Huǒchē shíjiānbiǎo zài nǎr mǎi?

후워처ch 스sh지엔삐아오 짜이날 마이

내일 서안행 기차표가 있습니까?

有没有明天开往西安的火车票?

Yǒu méi yǒu míngtiān kāiwǎng Xī'ān de huǒchēpiào?

요메이요 밍티엔 카이왕 시안 더 후워처ch피아오

112

침대칸 표가 있습니까?

有 卧 铺 吗?

Yǒu wòpù ma?

여우 워푸 마

푹신한 침대칸인가요, 아니면 딱딱한 침대칸인가요?

软 卧 还 是 硬 卧?

Ruǎnwò háishì yìngwò?

루안워 하이스sh 잉워

푹신한 좌석표와 딱딱한 좌석표는 가격 차이가 많이 납니까?

软 坐 和 硬 坐 价 格 差 得 多 吗?

Ruǎnzuò hé yìngzuò jiàgé chà de duō ma?

루안쭤 허 잉쭤 지아꺼 챠ch 더 뚜워 마

위층 침대, 중간 침대, 아래층 침대, 어느 것으로 드릴까요?

上 铺, 中 铺, 下 铺, 你 要 什 么?

Shàngpù, zhōngpù, xiàpù, Nǐ yào shénme?

샹sh푸 쫑zh푸 시아푸 니 야오 션sh머

왕복으로 주세요.

给 我 往 返 票。

Gěi wǒ wǎngfǎn piào.

게이워 왕판f 피아오

학생증으로 할인 받을 수 있나요?

学生证可以优惠吗?

Xuéshengzhèng kěyǐ yōuhuì ma?

쉬에셩sh 쩡zh 커이 여우훼이 마

청도까지 몇 시간이나 걸립니까?

到青岛要多长时间?

Dào Qīngdǎo yào duōcháng shíjiān?

따오 칭다오 야오 뚜워챵ch 스sh지엔

어느 플랫폼에서 타야 합니까?

在哪个月台上车?

Zài nǎ ge yuètái shàng chē?

짜이 나거 위에타이 샹sh쳐ch

표를 반환할 수 있습니까?

可以退票吗?

Kěyǐ tuìpiào ma?

커이 퉤이피아오 마

저, 여기는 제 자리인데요.

畏, 这是我的座位。

Wéi, Zhè shì wǒ de zuòwèi.

웨이 쩌zh 쓰sh 워더 쭈워웨이

짐을 여기에 두어도 될까요?

这儿可以放行李吗?

Zhèr kěyǐ fàng xíngli ma?

쩔zh 커이 팡f 싱리 마

열차는 몇 시에 출발합니까?

火车几点开?

Huǒchē jǐ diǎn kāi?

후워쳐ch 지디엔 카이

창문을 열어도 될까요?

可以打开窗户吗?

Kěyǐ dǎkāi chuānghu ma?

커이 다카이 츄ch앙후 마

뜨거운 물은 어디에 있습니까?

开水在哪儿?

Kāishuǐ zài nǎr?

카이슈sh에이 짜이날

침대칸표로 바꾸고 싶은데 어디에서 바꿀 수 있나요?

我想换卧铺票, 在哪儿可以换?

Wǒ xiǎng huàn wòpù piào, zài nǎr kěyǐ huàn?

워 시앙 후완 워푸피아오, 짜이날 커이 후완

배를 이용할 때

항주로 가는 배표가 있습니까?

有 往 杭 州 的 船 票 吗?

Yǒu wǎng Hángzhōu de chuánpiào ma?

여우 왕 항쪄zh우 더 츄ch안피아오 마

어디에서 배를 탑니까?

在 哪 儿 上 船?

Zài nǎr shàng chuán?

짜이날 샹sh 츄ch안

1등선실을 예약하고 싶은데요.

我 想 订 头 等 舱。

Wǒ xiǎng dìng tóuděngcāng.

워 시앙 띵 터우떵창

요금에 점심과 상해보험이 포함되어 있나요?

票 价 里 包 括 午 餐 和 意 外 保 险 吗?

Piàojià lǐ bāokuò wǔcān hé yìwài bǎoxiǎn ma?

피아오지아리 빠오쿠워 우찬 허 이와이 빠오시엔 마

배멀미가 나는데요, 멀미약 있습니까?

我有点儿晕船, 有晕船药吗?

Wǒ yǒu diǎnr yùnchuán, yǒu yùnchuányào ma?

워 요우디얼 윈츄ch안 여우 윈츄ch안야오 마

자전거를 탈 때

자전거를 빌리려고 합니다.

我想租自行车。

Wǒ xiǎng zū zìxíngchē.

워 시앙 쭈 쯔싱쳐ch

한 시간에 얼마입니까?

一个小时多少钱?

Yí ge xiǎoshí duōshao qián?

이 꺼 시아오스sh 뚜워샤sh오 치엔

반나절 빌리는데 얼마입니까?

租半天多少钱?

Zū bàntiān duōshao qián?

쭈 빤티엔 뚜워샤sh오 치엔

타이어에 바람 좀 넣어주세요.

给轮胎打点儿气吧。

Gěi lúntāi dǎ diǎnr qì ba.

게이 룬타이 따디얼치 바

제 자전거 타이어가 펑크났습니다.

我 的 轮 胎 破 了。

Wǒ de lúntāi pò le.

워더 룬타이 포얼 러

좀 더 새것은 없나요?

有 没 有 新 一 点 儿 的?

Yǒu méi yǒu xīn yì diǎnr de?

요메이요 신 이띠얼 더

자전거가 고장났습니다.

自 行 车 坏 了。

Zìxíngchē huài le.

쯔싱처ch 화일 러

자전거 수리하는 곳은 어디입니까?

修 理 自 行 车 的 地 方 在 哪 儿?

Xiūlǐ zìxíngchē de dìfang zài nǎr?

시우리 쯔싱처ch 더 띠팡f 짜이날

시내 구경하기

이 도시의 지도를 사려고 하는데요.

我想要这个城市的地图。

Wǒ xiǎng yào zhè ge chéngshì de dìtú.

워 시앙 야오 쩌zh거 청ch스sh 더 띠투

북경시내를 관광하고 싶습니다.

我想参观北京市内。

Wǒ xiǎng cānguān Běijīng shìnèi.

워 시앙 찬꽌 베이징 스sh네이

가이드를 고용할 수 있습니까?

可以雇用导游吗?

Kěyǐ gùyòng dǎoyóu ma?

커이 꾸용 따오여우 마

오전 하루 코스가 있나요?

有上午路线吗?

Yǒu shàngwǔ lùxiàn ma?

여우 샹sh우 루시엔 마

120

구경할 만한 곳을 소개해 주세요.

请介绍值得观赏的地方。

Qǐng jièshào zhí de guānshǎng de dìfang.

칭 지에샤오 즈zh더 꽌샹sh 더 띠팡f

사진 찍기

사진 좀 찍어 주시겠어요?

请 帮 我 照 相 好 吗?

Qǐng bāng wǒ zhàoxiàng hǎo ma?

칭 빵워 짜zh오시앙 하오마

여기서 사진을 찍어도 되나요?

在 这 儿 可 以 照 相 吗?

Zài zhèr kěyǐ zhàoxiàng ma?

짜이 쩔zh 커이 짜zh오시앙 마

뒤에 건물이 나오도록 찍어 주세요.

把 后 面 的 建 筑 照 上 好 吗?

Bǎ hòumiàn de jiànzhù zhàoshang hǎo ma?

빠 허우미엔 더 지엔쮸zh 짜zh오샹sh 하오마

이 셔터만 누르면 됩니다.

按 这 个 快 门 就 行。

Àn zhè ge kuàimén jiù xíng.

안 쩌zh거 콰이멀 지우 싱

저랑 함께 찍으시겠어요?

跟 我 一 起 照 好 吗?

Gēn wǒ yìqǐ zhàohǎo ma?

껀워 이치 짜zh오하오 마

당신의 주소를 알려 주세요.

请 告 诉 我 你 的 地 址。

Qǐng gàosu wǒ nǐ de dìzhǐ.

칭 까오쑤 워 니더 띠즈zh

사진을 현상해서 꼭 보내드리겠습니다.

照 片 冲 洗 好 了, 一 定 寄 给 你。

Zhàopiàn chōngxǐ hǎo le, yídìng jìgěi nǐ.

짜zh오피엔 충ch시하올러 이띵 지게이 니

한 장 더 찍어 주세요.

再 照 一 张 好 吗?

Zài zhào yì zhāng hǎo ma?

짜이 짜zh오 이짱zh 하오 마

필름을 다 썼습니다.

胶 卷 用 完 了。

Jiāojuǎn yòng wán le.

지아오쮜엔 용 왈 러

필름 한 통 주세요.

请给我一个胶卷。

Qǐng gěi wǒ yí ge jiāojuǎn.

칭 게이워 이꺼 지아오쥐엔

일회용 카메라 있습니까?

有一次性照相机吗?

Yǒu yí cì xìng zhàoxiàngjī ma?

여우 이츠싱 짜zh오시앙지 마

필름을 현상해 주세요.

请冲洗一下胶卷。

Qǐng chōngxǐ yí xià jiāojuǎn.

칭 충ch시 이샤 지아오쥐엔

언제 오면 되나요?

什么时候能取呢?

Shénme shíhou néng qǔ ne?

션sh머 스sh홀 넝 취 너

공연 관람하기

경극을 보고 싶습니다.

我想看京剧。

Wǒ xiǎng kàn jīngjù.

워 시앙 칸 징쥐

경극에 관심이 있으십니까?

你对京剧感兴趣吗?

Nǐ duì jīngjù gǎn xìngqù ma?

니 뚜웨이 징쥐 깐싱취 마

리위엔(梨園) 극장은 어디에 있습니까?

梨园剧场在哪儿?

Líyuán jùchǎng zài nǎr?

리위엔 쮜챵ch 짜이날

지금 무엇이 공연되고 있습니까?

现在正在表演什么?

Xiànzài zhèngzài biǎoyǎn shénme?

시엔짜이 쩡zh짜이 삐아오옌 션sh머

오늘 저녁 표 있습니까?

今天晚上有票吗?

Jīntiān wǎnshang yǒu piào ma?

진티엔 완샹sh 여우 피아오 마

이미 매진됐는데요.

已经卖完了。

Yǐjīng màiwán le.

이징 마이왈 러

좌석을 예약하려고 하는데요.

我要预订座位。

Wǒ yào yùdìng zuòwèi.

워 야오 위띵 주워웨이

표 사기가 힘든가요?

买票很紧张吗?

Mǎi piào hěn jǐnzhāng ma?

마이피아오 헌 진쨩zh 마

몇 시에 공연이 시작되나요?

几点开演?

Jǐdiǎn kāi yǎn?

지디엔 카이옌

좌석번호대로 앉아야 하나요?

要 按 号 儿 坐 吗?

Yào àn hàor zuò ma?

야오 안 하올 쭈워 마

아주 큰 감동을 받았습니다.

我 受 到 很 大 的 感 动。

Wǒ shòu dào hěn dà de gǎndòng.

워 셔우따오 헌 따더 간똥

매우 훌륭했습니다.

非 常 精 彩。

Fēicháng jīngcǎi.

페f이 챵ch 징차이

잘 알아듣지를 못해서 별로 재미없었습니다.

没 听 清 楚, 没 什 么 意 思。

Méi tīng qīngchu, méi shénme yìsi.

메이 팅칭츄ch 메이 션sh머 이쓰

취미와 운동

당신의 취미는 무엇입니까?

你 的 爱 好 是 什 么?

Nǐ de àihǎo shì shénme?

니더 아이하오 스sh 션sh머

저는 바둑 두는 것을 좋아합니다.

我 喜 欢 下 棋。

Wǒ xǐhuan xiàqí.

워 시환 시아치

우리 바둑 한 판 둘까요?

我 们 下 一 局 棋 好 不 好?

Wǒmen xià yì jú qí hǎo bù hǎo?

워먼 시아 이쥐 치 하오뿌하오

저는 운동하는 것을 좋아합니다.

我 喜 欢 作 运 动。

Wǒ xǐhuan zuò yùndòng.

워 시환 쭈워 윈똥

어떤 운동을 좋아하시는데요?

你 喜 欢 什 么 运 动?

Nǐ xǐhuan shénme yùndòng?

니 시환 선sh머 윈똥

탁구와 볼링을 좋아합니다.

我 喜 欢 乒 乓 球 和 保 龄 球。

Wǒ xǐhuan pīngpāngqiú hé bǎolíngqiú.

워 시환 핑팡치우 허 바오링치우

이 부근에 수영장이 있습니까?

这 附 近 有 游 泳 池 吗?

Zhè fùjìn yǒu yóuyǒngchí ma?

쩌zh 푸f진 여우 요우용츠ch 마

몇 시부터 몇 시까지 문을 여나요?

从 几 点 到 几 点 开 门?

Cóng jǐ diǎn dào jǐ diǎn kāi mén?

총 지디엔 따오 지디엔 카이먼

입장료는 얼마입니까?

入 场 费 多 少 钱?

Rùchǎngfèi duōshao qián?

루창ch페f이 뚜워샤sh오 치엔

테니스를 쳐본 적이 있습니까?

你打过网球吗?

Nǐ dǎ guò wǎngqiú ma?

니 다꾸워 왕치우 마

얼마나 기다려야 하지요?

要等多长时间?

Yào děng duōcháng shíjiān?

야오 덩 뚜워챵ch 스sh지엔

북경에 골프장이 있습니까?

北京有高尔夫球场吗?

Běijīng yǒu gāo'ěrfū qiú chǎng ma?

베이징 여우 까오얼푸f치우챵ch 마

쇼핑하기

기념품 사기

기념품을 사려고 하는데, 어디에서 파나요?

要买纪念品, 在哪儿卖?

Yào mǎi jìniànpǐn, zài nǎr mài?

야오 마이 지니엔핀 짜이날 마이

무엇을 사시겠습니까?

你想买什么?

Nǐ xiǎng mǎi shénme?

니 시앙 마이 션sh머

선물을 하려고 하는데, 뭐가 좋을까요?

我想买礼物, 什么样的好?

Wǒ xiǎng mǎi lǐwù, shénme yàng de hǎo?

워 시앙 마이 리우 션sh머양더 하오

이 공예품은 어떠세요? 가격도 저렴하고 예쁩니다.

这个工艺品怎么样? 又便宜又好看。

Zhè ge gōngyìpǐn zěnme yàng? yòu piányi yòu hǎokàn.

쩌zh거 꽁이핀 쩐머양 여우 피엔이 여우 하오칸

그냥 둘러보는 겁니다.

我 只 是 看 一 看。

Wǒ zhǐ shì kàn yí kàn.

워 즈zh스sh 칸이칸

이 부근에 백화점이 있습니까?

这 附 近 有 百 货 公 司 吗?

Zhè fùjìn yǒu bǎihuò gōngsī ma?

쩌zh 푸f진 여우 바이후워꽁쓰 마

대형슈퍼마켓이 어디에 있나요?

超 市 在 哪 儿?

Chāoshì zài nǎr?

챠ch오스sh 짜이날

특산품을 사려고 하는데, 어디로 가면 좋습니까?

我 想 买 特 产 品, 在 哪 儿 好 呢?

Wǒ xiǎng mǎi tèchǎnpǐn, zài nǎr hǎo ne?

워 시앙 마이 터챤ch핀 짜이날 하오 너

면세점은 어디에 있습니까?

免 税 店 在 哪 儿?

Miǎnshuìdiàn zài nǎr?

미엔슈sh에이띠엔 짜이날

실례합니다, 상가에 가려면 어떻게 가야 하지요?

请问, 去商场怎么走?

Qǐngwèn, qù shāngchǎng zěnme zǒu?

칭원 취 샹sh창ch 쩐머 쩌우

좋은 차를 사려면 어디로 가야 하나요?

买名茶在哪儿买?

Mǎi míngchá zài nǎr mǎi?

마이 밍챠ch 짜이날 마이

물건값 흥정하기

이것은 얼마입니까?

这 个 多少钱?

Zhè ge duōshao qián?

쩌zh거 뚜워샤sh오 치엔

너무 비쌉니다.

太 贵 了。

Tài guì le.

타이 꾸웨일 러

좀 싸게 해주세요.

便 宜 一 点 儿 吧。

Piányi yì diǎnr ba.

피엔이 이디얼 바

더 깎아주시면 살께요.

再 便 宜 一 点 儿 的 话, 我 就 买。

Zài piányi yì diǎnr de huà, wǒ jiù mǎi.

짜이 피엔이 이디얼더화 워 지우 마이

좀 더 싼 것은 없습니까?

有 没 有 便 宜 一 点 儿 的?

Yǒu méi yǒu piányi yì diǎnr de?

요메이요 피엔이 이디얼 더

할인이 되나요?

有 没 有 打 折?

Yǒu méi yǒu dǎzhé?

요메이요 따져zh

몇 퍼센트 할인입니까?

打 几 折?

Dǎ jǐ zhé?

따 지 져zh

20% 할인됩니다.

打 八 折。

Dǎ bā zhé.

다 빠 져zh

이곳은 정찰제입니다.

这 儿 是 不 二 价。

Zhèr shì bú èr jià.

쩔zh 스sh 뿌얼지아

원하는 물건 고르기

무엇을 사시겠습니까?

你 想 买 什 么?

Nǐ xiǎng mǎi shénme?

니 시앙 마이 션sh머

구경해도 될까요?

可 以 看 看 吗?

Kěyǐ kànkan ma?

커이 칸칸 마

다른 색깔도 있습니까?

有 没 有 别 的 颜 色?

Yǒu méi yǒu bié de yánsè?

요메이요 비에더 옌써

다른 디자인도 있습니까?

有 别 的 式 样 吗?

Yǒu bié de shìyàng ma?

여우 비에더 스sh양 마

다른 것으로 보여 주세요.

让 我 看 别 的。

Ràng wǒ kàn bié de.

랑r 워 칸 비에더

입어봐도 될까요?

可 以 试 穿 吗?

Kěyǐ shìchuān ma?

커이 스sh 츄ch안 마

이것보다 더 큰(작은) 것은 없나요?

有 没 有 比 这 个 大(小) 一 点 儿 的?

Yǒu méi yǒu bǐ zhè ge dà(xiǎo) yì diǎnr de?

요메이요 비 쩌zh거 따(시아오)이디얼 더

좀 더럽네요, 새것으로 주세요.

有 点 儿 脏, 给 我 新 的。

Yǒu diǎnr zāng, gěi wǒ xīnde.

여우디얼 짱 게이워 신더

이것으로 살께요.

我 就 买 这 个。

Wǒ jiù mǎi zhè ge.

워 지우 마이 쩌zh거

어디에서 계산합니까?

在 哪 儿 付 钱?

Zài nǎr fù qián?

짜이날 푸f치엔

신용카드를 사용할 수 있습니까?

可 以 使 用 信 用 卡?

Kěyǐ shǐyòng xìnyòngkǎ?

커이 스sh용 신용카

안 깨지게 포장해 주세요.

请 小 心 包 装。

Qǐng xiǎoxīn bāozhuāng.

칭 시아오신 빠오쭈zh앙

나눠서 포장해 주세요.

分开包装吧。

Fēnkāi bāozhuāng ba.

펀f카이 빠오쮸앙 바

영수증을 주세요.

给我收据。

Gěi wǒ shōujù.

게이워 쇼우쥐

잔돈이 틀린 것 같은데요.

好像零钱不对。

Hǎoxiàng língqián búduì.

하오시앙 링치엔 부뿨이

교환 및 환불

다른 것으로 바꿔 주세요.

请 给 我 换 一 个。

Qǐng gěi wǒ huàn yí ge.

칭 게이워 후완 이꺼.

환불하고 싶은데요.

我 要 退 货。

Wǒ yào tuìhuò.

워 야오 투웨이후워.

불량입니다. 반품할 수 있습니까?

是 不 良 品, 可 以 退 换 吗?

Shì bùliángpǐn, kěyǐ tuìhuàn ma?

스sh 뿌리앙핀 커이 투웨이후완 마

다른 물건으로 바꿀 수 있나요?

可 以 换 别 的 吗?

Kěyǐ huàn bié de ma?

커이 후완 비에더 마

소식
전하기

전화 걸기

공중전화는 어디에 있나요?

公用电话在哪儿?

Gōngyòng diànhuà zài nǎr?

꽁용띠엔후와 짜이날

전화 한 통 써도 될까요?

能不能借用一下你的电话?

Néng bù néng jiè yòng yí xià nǐ de diànhuà?

넝뿌넝 지에용 이샤 니더 띠엔후와

전화비가 얼마입니까?

电话费是多少钱?

Diànhuàfèi shì duōshao qián?

띠엔후와페f이 스sh 뚜워샤sh오 치엔

전화카드는 어디에서 사나요?

电话卡在哪儿买?

Diànhuàkǎ zài nǎr mǎi?

띠엔후와카 짜이날 마이

147

100위엔짜리 IC카드를 주세요.

给我一张一百块的ＩＣ卡。

Gěi wǒ yì zhāng yì bǎi kuài de ICkǎ.

게이 워 이짱zh 이바이콰이 더 IC카

이 전화는 어떻게 사용합니까?

怎么用这个电话?

Zěnme yòng zhè ge diànhuà?

쩐머 용 쩌zh거 띠엔후와

먼지 0번을 누르세요.

先拨零。

Xiān bō líng.

시엔 뽀 링

한국으로 국제전화를 걸려고 합니다.

我想给韩国打电话。

Wǒ xiǎng gěi Hánguó dǎ diànhuà.

워 시앙 게이 한꾸워 다 띠엔후와

수신자부담으로 한국에 전화를 걸려고 하는데요.

我想用对方付钱给韩国打电话。

Wǒ xiǎng yòng duìfāng fùqián gěi Hánguó dǎ diànhuà.

워 시앙 용 뛔이팡f 푸f치엔 게이 한꾸워 다 띠엔후와

148

네. 상대방의 전화번호를 말씀해 주세요.

可以，请告诉我对方的电话号码。

Kěyǐ, qǐng gàosu wǒ duìfāng de diànhuà hàomǎ.

커이 칭 까오쑤 워 뚜에이팡f 더 띠엔후와 하오마

당신의 전화번호를 알려 주세요.

请告诉我您的电话号码。

Qǐng gàosu wǒ nín de diànhuà hàomǎ.

칭 까오쑤 워 닌더 띠엔후와 하오마

지명통화를 하려고 합니다.

我要打叫人电话。

Wǒ yào dǎ jiàorén diànhuà.

워 야오 따 지아오런 띠엔후와

상대방의 이름을 말씀해 주세요.

请告诉我对方的名字。

Qǐng gàosu wǒ duìfāng de míngzi.

칭 까오쑤 워 뚜에이팡f 더 밍쯔

끊지 말고 기다리십시오.

别挂了，请稍等。

Bié guà le, qǐng shāo děng.

비에 꽐 러 칭 샤sh오 덩

149

연결됐습니다, 말씀하세요.

接通了,请讲。

Jiē tōng le, qǐng jiǎng.

지에 통 러 칭 지앙

장거리전화를 걸려고 하는데요.

我要打长途电话。

Wǒ yào dǎ chángtú diànhuà.

워 야오 따 창ch투 띠엔후와

5178번 바꿔 주세요.

请转五一七八号。

Qǐng zhuǎn wǔ yāo qī bā hào.

칭 쮜zh안 우 야오 치 빠 하오

여보세요! 왕선생님 계십니까?

喂! 王先生在吗?

Wéi! Wáng xiānsheng zài ma?

웨이 왕 시엔셩sh 짜이마

지금 안 계시는데요.

现在他不在。

Xiànzài tā bú zài.

시엔짜이 타 부짜이

제가 잠시 후에 다시 걸겠습니다.

我 等 一 会 儿 再 打。

Wǒ děng yi huìr zài dǎ.

워 덩이후얼 짜이 따

제가 전화했었다고 전해주세요.

请 告 诉 他 我 打 过 电 话。

Qǐng gàosu tā wǒ dǎ guò diànhuà.

칭 까오쑤 타 워 다꾸워 띠엔후와

통화중입니다.

战 线。

Zhàn xiàn.

짠zh 시엔

잘못 거셨는데요.

您 打 错 了。

Nín dǎ cuò le.

닌 따추월 러

천천히 말씀해 주세요.

请 慢 点 儿 说。

Qǐng màn diǎr shuō.

칭 만디얼 슈sh어

잘 못 알아듣겠는데요, 다시 한 번 말씀해 주시겠습니까?

听 不 清楚, 请 再 说 一 遍, 好 吗?

Tīng bu qīngchu, qǐng zài shuō yí biàn hǎo ma?

팅부칭츄ch 칭 짜이 슈sh워 이삐엔 하오 마

인터넷 및 팩스 이용하기

이 근처에 PC방이 있습니까?

这 附 近 有 没 有 网 吧?

Zhè fùjìn yǒu méi yǒu wǎng bā?

쩌zh 푸f진 요메이요 왕빠

여기서 인터넷에 접속할 수 있습니까?

这 里 可 以 上 网 吗?

Zhè li kěyǐ shàng wǎng ma?

쩌zh리 커이 샹sh왕 마

제가 e-mail을 보내야 하는데요.

我 要 发 e-mail (电 子 邮 件)。

Wǒ yào fā e-mail (diànzi yóujiàn).

워 야오 파f e-mail (띠엔즈 여우지엔)

한글도 볼 수 있나요?

这 儿 可 以 看 韩 文 吗?

Zhèr kěyǐ kàn Hánwén ma?

쩔zh 커이 한원 마

한 시간 이용하는 데 얼마입니까?

用一个小时多少钱?

Yòng yí ge xiǎoshí duōshao qián?

용 이꺼 시아오스sh 뚜워샤오 치엔

학생할인이 되나요?

有学生优惠吗?

Yǒu xuésheng yōuhuì ma?

여우 쉬에셩sh 요우훼이 마

됩니다. 학생증을 보여 주세요.

可以, 给我看学生证。

Kěyǐ, gěi wǒ kàn xuéshengzhèng.

커이 게이워 칸 쉬에셩sh 쩡zh

우체국 이용하기

이 부근에 우체국이 어디 있나요?

这附近邮局在哪儿?

Zhè fùjìn yóujú zài nǎr?

쪄zh 푸f진 요우쥐 짜이날

우체국은 몇 시부터 몇 시까지 문을 엽니까?

邮局从几点到几点开呢?

Yóujú cóng jǐ diǎn dào jǐ diǎn kāi ne?

요우쥐 총 지디엔 따오 지디엔 카이 너

이 편지는 한국으로 부칠 것입니다.

这封信是寄去韩国的。

Zhè fēng xìn shì jì qù Hánguó de.

쪄zh 펑f 신 스sh 지취 한꾸워 더

보통편지입니까, 항공속달입니까?

平信还是航空快信?

Píngxìn háishì hángkōng kuàixìn?

핑신 하이스sh 항콩콰이신

우표와 봉투는 어디에서 삽니까?

邮票和信封在哪儿买?

Yóupiào hé xìnfēng zài nǎr mǎi?

요우피아오 허 신펑f 짜이날마이

한국으로 소포를 하나 보내려고 합니다.

我想往韩国寄一个包裹。

Wǒ xiǎng wǎng Hánguó jì yíge bāoguǒ.

워 시앙 왕 한꾸워 지 이꺼 빠오꾸워

여기에 무슨 물건이 들어 있습니까?

这里有什么东西?

Zhè lǐ yǒu shénme dōngxi?

쩌zh리 여우 션sh머 똥시

옷과 책입니다.

这些都是衣服和书籍。

Zhè xiē dōu shì yīfu hé shūjí.

쩌zh시에 떠우스sh 이푸f 허 슈sh지

우편요금은 얼마입니까?

邮费多少钱?

Yóufèi duōshao qián?

여우페f이 뚜워샤sh오 치엔

이 표를 기입해 주십시오.

请填写这张表。

Qǐng tián xiě zhè zhāng biǎo.

칭 티엔시에 쩌zh 짱zh 삐아오

다 적었습니다. 봐주세요.

填好了，请看。

Tiánhǎo le, qǐng kàn.

티엔하올 러 칭 칸

한국까지 며칠이면 도착합니까?

到韩国需要几天?

Dào Hánguó xūyào jǐ tiān?

따오 한꾸워 쉬야오 지티엔

항공편으로 부치겠습니다.

我要空运。

Wǒ yào kōngyùn.

워 야오 콩윈

선박편으로 부치겠습니다.

我要海运。

Wǒ yào hǎiyùn.

워 야오 하이윈

빠른 우편으로 해주세요.

我 要 快 递。

Wǒ yào kuàidì.

워 야오 콰이띠

등기로 해주십시오.

我 要 挂 号。

Wǒ yào guàhào.

워 야오 꾸와하오

은행
에서

은행을 이용할 때

오늘 환율은 얼마입니까?

今 天 的 汇 率 是 多 少?

Jīntiān de huìlǜ shì duōshao?

진티엔 더 후웨이뤼스sh 뚜워샤sh오

은행은 몇 시에 문을 닫습니까?

银 行 几 点 关 门?

Yínháng jǐ diǎn guān ménr?

인항 지디엔 꽌멀

통장을 만들고 싶은데요.

我 要 存 款 折。

Wǒ yào cúnkuǎnzhé.

워 야오 춘쿠완져zh

달러를 입금하고 싶습니다.

我 要 存 入 美 金。

Wǒ yào cún rù měijīn.

워 야오 춘루 메이진

현금자동지급기는 어디에 있습니까?

现金支取机在哪儿?

Xiànjīn zhīqǔjī zài nǎr?

시엔진 쯔zh취지 짜이날

송금을 하고 싶은데요.

我想汇款。

Wǒ xiǎng huìkuǎn.

워 시앙 후웨이쿠완

한국에서 송금해 온 돈을 받으려고 합니다.

我要收到一笔韩国的汇款。

Wǒ yào shōu dào yī bǐ Hánguó de huìkuǎn.

워 야오 쇼우파오 이삐 한꾸워 더 후웨이쿠완

송금 수수료는 얼마입니까?

汇款手续费多少钱?

Huìkuǎn shǒuxùfèi duōshao qián?

후웨이쿠완 쇼우쉬페f이 뚜워샤sh오 치엔

소지품을
분실했을 때

소지품 분실시

지갑을 도둑맞았어요.

我的钱包被偷了。

Wǒ de qiánbāo bèi tōu le.

워더 치엔빠오 뻬이토울 러

택시에 가방을 두고 내렸어요.

我的包丢在出租车里了。

Wǒ de bāo diū zài chūzūchē lǐ le.

워 더 빠오 띠우짜이 츄ch주처ch릴 러

경찰서는 어디에 있습니까?

公安局在哪儿?

Gōngānjú zài nǎr?

꽁안쥐 짜이날

경찰서에 전화 좀 해주세요.

请给公安局打电话。

Qǐng gěi gōngānjú dǎ diànhuà.

칭 게이 꽁안쥐 다 띠엔후와

분실물센터는 어디입니까?

失 物 中 心 在 哪 儿?

Shīwù zhōngxīn zài nǎr?

스sh우 종zh신 짜이날

찾으면 바로 제게 연락주세요.

如 果 找 到 了, 请 马 上 跟 我 联 系。

Rúguǒ zhǎodào le, qǐng mǎshàng gēn wǒ liánxì.

루구워 쟈zh오따올러 칭 마샹sh 껀 워 리엔시

여권 분실시

여권을 분실했을 때에는 가장 먼저 영사관에 가서 분실신고를 해야 한다. 그 다음 공안국에 신고해 분실 사실을 알린 후, 영사와 간단한 면담을 통해 여권을 재발급 받는다.

여권을 재발급 받을 때 필요한 구비서류로는 여권재발급신청서, 신원조회서, 신분증명서, 여권사진 등이 있다.

여권 재발급에는 많은 시간이 소요되기 때문에 항상 여권을 잘 간수해야 한다. 임시여권을 신청하면 더 빨리 발급받을 수 있다.

여권 분실시

여권을 분실했어요.

我丢了护照。

Wǒ diū le hùzhào.

워 띠울러 후짜zh오

한국대사관에 연락해 주세요.

请联系韩国大使馆。

Qǐng liánxì Hánguó dàshǐguǎn.

칭 리엔시 한꾸워 따스sh꽌

여권을 재발급해 주세요.

请给我再发给护照。

Qǐng gěi wǒ zài fāgěi hùzhào.

칭 게이워 짜이 파f게이 후짜zh오

여행자수표 및
신용카드 분실시

　　사인이 되어 있지 않은 여행자수표나 신용카드
는 습득자가 사용할 수 있으므로 항상 주의한다.

　따라서 미리 여행자수표 발급 신청서 사본을 지니고 있
어야 하며, 고액권 대신 소액권을 발급 받는 것이 좋다.

　은행 창구에서 수령하는 즉시 소지자란(Holder's)에 여
권 사인과 같은 사인을 한다.

　카드를 분실했을 경우에는 가장 먼저 국내 카드 발급사
에 분실 신고를 해야 한다.

　그 다음에 현지 카드 가맹은행에 분실 신고를 한다.

여행자수표 및 신용카드 분실시

여행자수표를 잃어버렸어요.

我 丢 了 旅 行 支 票。

Wǒ diū le lǚxíng zhīpiào.

워 띠울러 뤼싱 즈zh피아오

여행자수표를 재발행해 주세요.

请 给 我 再 发 行 旅 行 支 票。

Qǐng gěi wǒ zài fāxíng lǚxíng zhīpiào.

칭 게이워 짜이 파f싱 뤼싱 즈zh피아오

신용카드를 잃어버렸어요.

我 丢 了 信 用 卡。

Wǒ diū le xìnyòngkǎ.

워 띠울러 신용카

제 신용카드를 중지시켜 주세요.

请 吊 销 我 的 信 用 卡。

Qǐng diàoxiāo wǒ de xìnyòngkǎ.

칭 띠아오시아오 워더 신용카

항공권 분실 및 변경시

항공권을 분실했을 경우에는 발권 항공사의 지점이나 영업소를 찾아가 재발급 신청을 한다.

발권 항공사의 지점이 없을 때는 탑승 항공사의 지점을 찾아간다.

항공권 분실에 대비하기 위해 발급일자, 항공권 번호 등을 꼭 적어 둔다. 재발급시 보통 2~3일 걸리며, 주말이나 휴일이 겹치면 1주일 가량 걸리기도 한다.

항공권 분실 및 변경시

항공권을 잃어버렸어요.

我丢了飞机票。

Wǒ diū le fēijī piào.

워 띠울러 페f이지 피아오

항공권을 재발급 받고 싶습니다.

我想再发给飞机票。

Wǒ xiǎng zài fāgěi fēijī piào.

워 시앙 짜이 파f게이 페f이지 피아오

발급일자와 항공권 번호를 알고 계십니까?

你知不知道发给日子和航班号码?

Nǐ zhī bù zhī dào fāgěi rìzi hé hángbān hàomǎ?

니 즈zh 뿌즈zh따오 파f게이 르r쯔 허 항빤 하오마

비상사태가
발생했을 때

도움 요청

사람 살려!

救命啊!

Jiù mìng a!

지우밍 아

도둑이야!

有小偷呀!

Yǒu xiǎo tōu ya!

여우 시아오토우 야

불이야!

着火了!

Zháo huǒ le!

쟈zh오 후월 러

도와주세요!

请帮忙!

Qǐng bāng máng!

칭 빵망

잡아라!

抓 住 他!

Zhuā zhù tā!

쮸zh와쮸zh 타

거기 서라!

站 住!

Zhàn zhù!

짠 쮸zh

(이상한 행동을 할 때) 지금 뭐하는 겁니까?

你 干 什 么?

Nǐ gàn shénme?

니 깐 션sh머

경찰을 불러주세요.

请 叫 公 安。

Qǐng jiào gōngān.

칭 지아오 꽁안

교통사고

교통사고가 났어요.

发生交通事故了。

Fāshēng jiāotōng shìgù le.

파f성 지아오통 스sh꿀 러

차에 치었어요.

被汽车撞倒了。

Bèi qìchē zhuàngdǎo le.

뻬이 치쳐ch 쭈zh앙따올 러

자동차가 고장났어요.

汽车出了故障。

Qìchē chū le gùzhàng.

치쳐ch 츄ch러 꾸짱zh

병원 이용하기

병원에 데려다 주세요.

请 带 我 去 医 院。

Qǐng dài wǒ qù yīyuàn.

칭 따이워 취 이위엔

어디가 불편하신가요?

你 哪 儿 不 舒 服?

Nǐ nǎr bù shūfu?

니 날 뿌슈sh푸f

여기가 많이 아파요.

这 里 很 疼。

Zhè lǐ hěn téng

쩌zh리 헌 텅

머리가 아파요.

头 疼。

Tóu téng.

터우 텅

배가 아파요.

肚子疼。

Dùzi téng.

뚜즈 텅

계속 설사를 합니다.

一直泻肚子。

Yìzhí xiè dùzi.

이즈zh 시에뚜즈

감기에 걸린 것 같아요.

好像感冒了。

Hǎoxiàng gǎnmào le.

하오 시앙 깐 마올러

여기를 다쳤습니다.

这儿受伤了。

Zhèr shòushāng le.

쩔zh 쇼sh우샹sh 러

염증이 생겼습니다.

发炎了。

Fā yán le.

파f 옌 러

삐었어요.

扭伤了。

Niǔ shāng le.

니우 샹sh 러

주사를 맞아야 합니다.

要打针。

Yào dǎzhēn.

야오 다 쩐zh

심합니까?

严重吗?

Yán zhòng ma?

옌 쫑zh 마

계속 여행해도 될까요?

我可以继续旅行吗?

Wǒ kěyǐ jìxù lǚxíng ma?

워 커이 지쉬 뤼싱 마

시간 맞춰 약 먹고 며칠 쉬면 좋아질 겁니다.

按时吃药，多休息几天就好了。

Ā nshí chī yào, duō xiūxi jǐ tiān jiù hǎo le.

안스sh 츠ch야오 뚸워 시우시 지티엔 지우 하올 러

약국 이용하기

두통약 주세요.

给 我 头 痛 药。

Gěi wǒ tóutòng yào.

게이워 터우통 야오

감기약 주세요.

给 我 感 冒 药。

Gěi wǒ gǎnmào yào.

게이워 깐마오 야오

열나고, 기침도 하고, 콧물이 흐르고, 목도 아파요.

发 烧, 咳 嗽, 流 鼻 涕, 喉 咙 痛。

Fāshāo, késòu, liú bítì, hóulóng tòng.

파f샤sh오 커써우 리우 비티 호우롱 통

설사약 주세요.

给 我 泻 药。

Gěi wǒ xièyào.

게이워 시에야오

멀미약 주세요.

给 我 晕 车 药。

Gěi wǒ yùnchē yào.

게이워 윈처ch야오

이 약은 어떻게 먹나요?

这 药 怎 么 服 用?

Zhè yào zěnme fúyòng?

쪄zh 야오 쩐머 푸f용

하루에 세 번, 식후에 드세요.

一 天 三 次, 饭 后 服 用。

Yì tiān sān cì, fàn hòu fúyòng.

이티엔 싼츠 판f 허우 푸f용

화장실 이용하기

실례합니다만, 화장실이 어디에 있습니까?

请 问, 卫 生 间 在 哪 儿?

Qǐngwèn, wèishēngjiān zài nǎr?

칭원 웨이셩sh지엔 짜이날

무료입니까?

免 费 吗?

Miǎnfèi ma?

미엔페f이 마

1원의 사용료를 내셔야 합니다.

你 要 付 一 块 钱 的 用 费。

Nǐ yào fù yí kuài qián de yòngfèi.

니 야오 푸f 이콰이치엔 더 용페f이

안에 화장지가 있습니까?

里 面 有 卫 生 纸 吗?

Lǐmiàn yǒu wèishēngzhǐ ma?

리미엔 여우 웨이셩sh즈zh 마

제가 좀 급합니다.

我 有 点 儿 急。

Wǒ yǒu diǎnr jí.

워 요우디얼 지

여행 중
꼭 필요한
필수 중국어사전 ①

나	我	wǒ	워
너	你	nǐ	니
당신(높임말)	您	nín	닌
그 / 그녀	他 / 她	tā	타
우리	我们	wǒmen	워먼
너희	你们	nǐmen	니먼
그들	他们	tāmen	타먼
누구	谁	shéi	셰sh이
이분	这位	zhèwèi	쩌zh웨이
저분	那位	nàwèi	나웨이
어느 분	哪位	nǎwèi	나웨이

지시대명사

이것	这个	zhège	쩌zh거
저것	那个	nàge / nèige	나거 / 네이거
어느 것	哪个	nǎge	나거
여기	这儿	zhèr	쩔zh
저기	那儿	nàr	날
어디	哪儿	nǎr	날

가족 호칭

한국어	중국어	병음	발음
아버지 / 아빠	父亲 / 爸爸	fùqin / bàba	푸f친 / 빠바
어머니 / 엄마	母亲 / 妈妈		
		mǔqin / māma	무친 / 마마
할아버지	爷爷	yéye	예예
할머니	奶奶	nǎinai	나이나이
외할아버지	外公	wàigōng	와이꽁
외할머니	外婆	wàipó	와이포어
형 / 오빠	哥哥	gēge	꺼거
언니 / 누나	姐姐	jiějie	지에지에
남동생	弟弟	dìdi	띠디
여동생	妹妹	mèimei	메이메이
아들	儿子	érzi	얼쯔
딸	女儿	nǚér	뉘얼
시아버지	公公	gōnggong	꽁꽁
시어머니	婆婆	pópo	포포
남편	丈夫 / 爱人		
		zhàngfū / àirén	쨩zh푸f / 아이런
아내	爱人 / 妻子	àirén / qīzi	아이런 / 치즈
사위	女婿	nǚxù	뉘쉬
며느리	媳妇	xífù	시푸f

일반적 호칭

어른남자	先生	xiānsheng	시엔셩sh
남자노인	老先生	lǎoxiānsheng	라오시엔셩sh
아주머니	阿姨	āyí	아이
여자노인	老太太	lǎotàitai	라오타이타이
미혼여자	小姐	xiǎojiě	시아오지에
기혼여자	太太	tàitai	타이타이
여사	女士	nǚshì	뉘스sh
택시기사 / 기술자 / 종업원			
	师傅	Shīfu	쓰sh푸f
학우	同学	tóngxué	통쉬에
꼬마	小朋友	xiǎopéngyou	시아오펑요

일	一	yī	이
이	二	èr	얼
삼	三	sān	싼
사	四	sì	쓰
오	五	wǔ	우
육	六	liù	리우
칠	七	qī	치
팔	八	bā	빠
구	九	jiǔ	지우
십	十	shí	스sh
백	百	bǎi	빠이
천	千	qiān	치엔
만	万	wàn	완
억	亿	yì	이
조	兆	zhào	짜zh오
영	零	líng	링
둘	两	liǎng	리앙
첫째	第一	dìyī	띠이
둘째	第二	dìèr	띠얼
셋째	第一	dìsān	띠싼

연월일 / 요일

연	年	nián	니엔
월	月	yuè	위에
주	星期	xīngqī	싱치
일	号	hào	하오

일요일	星期日	xīngqīrì	싱치르r
월요일	星期一	xīngqīyī	싱치이
화요일	星期二	xīngqīèr	싱치얼
수요일	星期三	xīngqīsān	싱치싼
목요일	星期四	xīngqīsì	싱치쓰
금요일	星期五	xīngqīwǔ	싱치우
토요일	星期六	xīngqīliù	싱치리우

하루	一天	yītiān	이티엔
이틀	两天	liǎngtiān	리앙티엔
사흘	三天	sāntiān	싼티엔
열흘	十天	shítiān	스sh티엔

시간	时间	shíjiān	스sh지엔
시(時)	点	diǎn	디엔
분	分	fēn	펀f
3시 5분	三点五分		
		sāndiǎn wǔfēn	싼디엔우펀f

때

아침	早上	zǎoshang	짜오샹sh
오전	上午	shàngwǔ	샹sh우
정오	中午	zhōngwǔ	쫑 zh우
오후	下午	xiàwǔ	시아우
저녁	晚上	wǎnshang	완샹sh
밤	夜里	yèli	예리
그저께	前天	qiántiān	치엔티엔
어제	昨天	zuótiān	쭈워티엔
오늘	今天	jīntiān	진티엔
내일	明天	míngtiān	밍티엔
모레	后天	hòutiān	허우티엔
작년	去年	qùnián	취니엔
금년	今年	jīnnián	찐니엔
내년	明年	míngnián	밍니엔

계 절

봄	春天	chūntiān	춘ch티엔
여름	夏天	xiàtiān	시아티엔
가을	秋天	qiūtiān	치우티엔
겨울	冬天	dōngtiān	똥티엔

방향

동	东	dōng	똥
서	西	xī	시
남	南	nán	난
북	北	běi	베이
안	里 / 内	lǐ / nèi	리 / 네이
밖	外	wài	와이
위	上	shàng	샹sh
아래	下	xià	시아
앞	前	qián	치엔
뒤	后	hòu	허우
왼	左	zuǒ	쭈워
오른	右	yòu	여우
옆	旁边	pángbiān	팡삐엔
맞은편	对面	duìmiàn	뚜웨이미엔
부근	附近	fùjìn	푸f진

국명 / 지명

한국	韩国	Hánguó	한꾸워
서울	汉城	Hànchéng	한청ch
대만	台湾	Táiwān	타이완
타이베이	台北	Táiběi	타이뻬이
독일	德国	Déguó	더꾸워
러시아	俄国	éguó	으어꾸워
모스크바	莫斯科	Mòsīkē	뭐쓰커
말레이시아	马来西亚	Mǎláixīyà	마라이시야
미국	美国	Měiguó	메이꾸워
워싱턴	华盛顿	Huáshèngdùn	화성sh뚠
브라질	巴西	Bāxī	빠시
베트남	越南	Yuènán	위에난
싱가포르	新加坡	Xīnjiāpō	신지아포
영국	英国	Yīngguó	잉꾸워
런던	伦敦	Lúndūn	룬뚠
오스트레일리아	奥大利亚	Āodàlìyà	아오따리야
이탈리아	意大利	Yìdàlì	이따리
일본	日本	Rìběn	르r뻔
동경	东京	Dōngjīng	똥징

중국	中国	Zhōngguó	쫑 zh꾸워
북경	北京	Běijīng	베이징
태국	泰国	Tàiguó	타이꾸워
캐나다	加拿大	Jiānádà	지아나따
프랑스	法国	Fǎguó	파f꾸워
파리	巴黎	Bālí	빠리

날씨

날씨	天气	tiānqì	티엔치
바람이 불다	刮风	guāfēng	꾸와펑f
비가 오다	下雨	xiàyǔ	시아위
눈이 내리다	下雪	xiàxuě	시아쉬에
태양	太阳	tàiyáng	타이양
달	月亮	yuèliang	위에리앙
구름	云	yún	윈
맑은	晴	qíng	칭
흐린	阴	yīn	인
더운	热	rè	르r어
추운	冷	lěng	렁
습한	潮湿	cháoshī	차오스sh
건조한	干燥	gānzào	깐짜오

화 폐

0.01위엔	一分	yìfēn	이펀f
0.1위엔	一角(구어) / 一毛		
		yìjiǎo / yìmáo	이지아오 / 이마오
1위엔	一块(구어) / 一元		
		yìkuài / yìyuán	이콰이 / 이위엔
10위엔	十块	shíkuài	스sh콰이
지폐	纸币	zhǐbì	즈zh삐
동전	硬币	yìngbì	잉삐
인민폐	人民币	rénmínbì	런민삐
한국원화	韩币	hánbì	한삐
엔	日币	rìbì	르r삐
달러	美元	měiyuán	메이위엔
유로화	欧元	ōuyuán	어우위엔
홍콩달러	港币	gǎngbì	깡삐

영화	电影	diànyǐng	띠엔잉
연극	戏剧	xìjù	시쥐
낚시	钓鱼	diāoyú	띠아오위
바둑	围棋	wéiqí	웨이치
장기	象棋	xiàngqí	시앙치
마작	麻将	májiàng	마지앙
곡예	杂技	zájì	짜지
댄스	跳舞	tiàowǔ	티아오우
농구	篮球	lánqiú	란치우
축구	足球	zúqiú	쭈치우
배구	排球	páiqiú	파이치우
탁구	乒乓球	pīngpāngqiú	핑팡치우
테니스	网球	wǎngqiú	왕치우
배드민턴	羽毛球	yǔmáoqiú	위마오치우
골프	高尔夫	gāo' ěrfū	까오얼푸f
수영	游泳	yóuyǒng	여우융
스케이팅	滑冰	huábīng	후와삥
스키	滑雪	huáxuě	후와쉬에
마라톤	马拉松	mǎlāsōng	마라쏭

교 통

기차	火车	huǒchē	후워쳐ch
비행기	飞机	fēijī	페f이지
택시	出租汽车	chūzūqìchē	츄ch주치쳐ch
자전거	自行车	zìxíngchē	쯔싱쳐ch
지하철	地铁	dìtiě	띠티에
트럭	卡车	kǎchē	카쳐ch
장거리버스	长途汽车		
		chángtú qìchē	챵ch투치쳐ch
소방차	救火车	jiùhuǒchē	지우후워쳐ch
특급열차	特快	tèkuài	터콰이
오토바이	摩托车	mótuōchē	모투워쳐ch
통근버스	班车	bānchē	빤쳐ch
버스정류장	公共汽车站		
		gōnggòng qìchē zhàn	꽁꽁치쳐ch짠zh

식 사

아침 식사	早饭	zǎofàn	짜오판f
점심 식사	午饭	wǔfàn	우판f
저녁 식사	晚饭	wǎnfàn	완판f
가장 자신 있는 요리			
	拿手菜	náshǒucài	나쇼우차이
뷔페	自助餐	zìzhùcān	쯔쥬zh찬
간단한 먹거리	小吃	xiǎochī	시아오츠ch
젓가락	快子	kuàizi	콰이즈
숟가락	汤匙	tāngchí	탕츠ch
국자	勺子	sháozi	샤sh오즈
작은 접시	蹀子	diézi	띠에즈
큰 접시	盘子	pánzi	판쯔
그릇	碗子	wǎnzi	완쯔
칼	刀子	dāozi	따오즈
포크	叉子	chāzi	차ch즈
냅킨	餐巾纸	cānjīnzhǐ	찬진쯔zh

맛

달다	甜	tián	티엔
짜다	咸	xián	시엔
맵다	辣	là	라
시다	酸	suān	쑤완
쓰다	苦	kǔ	쿠
싱겁다	淡	dàn	딴
비리다	腥	xīng	싱
볶다	炒	chǎo	챠ch오
튀기다	炸	zhá	쟈zh
삶다	煮	zhǔ	쮸zh
찌다	蒸	zhēng	쩡zh
굽다	烤	kǎo	카오
지지다	煎	jiān	지엔

사과	苹果	píngguǒ	핑꾸워
귤	橘子	júzi	쥐쯔
배	梨	lí	리
포도	葡萄	pútáo	푸타오
복숭아	桃	táo	타오
바나나	香蕉	xiāngjiāo	시앙지아오
수박	西瓜	xīguā	시꽈
오렌지	橙子	chéngzi	청ch쯔
파인애플	波萝	bōluó	뽀루워
딸기	草莓	cǎoméi	차오메이
참외	甜瓜	tiánguā	티엔꽈
여지	荔枝	lìzhī	리쯔zh
하미과	哈密瓜	hāmìguā	하미꽈

채 소

배추	白菜	báicài	바이차이
파	葱	cōng	총
양파	洋葱	yángcōng	양총
고추	辣椒	làjiāo	라지아오
감자	土豆儿	tǔdòur	투똘
고구마	红薯 / 白薯		
	hóngshǔ / báishǔ		홍슈sh / 빠이슈sh
무	萝卜	luóbo	루워뽀
당근	红萝卜	hóngluóbo	홍루워뽀
호박	南瓜	nánguā	난꽈
버섯	蘑菇	mógu	모꾸
마늘	蒜	suàn	쑤안
오이	黄瓜	huángguā	황꽈
강낭콩	豆角	dòujiǎo	떠우지아오
피망	青椒	qīngjiāo	칭지아오
가지	茄子	qiézi	치에즈
옥수수	玉米	yùmǐ	위미
시금치	菠菜	bōcài	뽀차이
콩나물	豆芽菜	dòuyácài	떠우야차이
토마토	西红柿	xīhóngshì	시홍스sh
부추	韭菜	jiǔcài	지우차이

색깔

하양	白色	báisè	바이써
검정	黑色	hēisè	헤이써
노랑	黄色	huángsè	황써
파랑	蓝色	lánsè	란써
빨강	红色	hóngsè	홍써
녹색	绿色	lǜsè	뤼써
분홍	粉红色	fěnhóngsè	펀f홍써
자주	紫色	zǐsè	쯔써
회색	灰色	huīsè	훼이써
갈색	咖啡色	kāfēisè	카페f이써
오렌지색	橙色	chéngsè	청ch써

신 체

머리카락	头发	tóufa	터우파f
머리	头	tóu	터우
얼굴	脸	liǎn	리엔
눈	眼睛	yǎnjing	옌징
코	鼻子	bízi	비쯔
입	嘴	zuǐ	쮀이
귀	耳朵	ěrduo	얼뚜워
목	脖子	bózi	붜즈
어깨	肩膀	jiānbǎng	지엔빵
배	肚子	dùzi	뚜즈
허리	腰	yāo	야오
손	手	shǒu	셔sh우
다리	腿	tuǐ	퉤이
발	脚	jiǎo	지아오

센티미터	厘米	límǐ	리미
미터	米	mǐ	미
킬로미터	公里	gōnglǐ	꽁리
그램	克	kè	커
킬로그램(1000g)	公斤	gōngjīn	꽁진
근(500g)	斤	jīn	진
양(37g)	两	liǎng	리앙
톤	吨	dūn	뚠
리터	豪升	háoshēng	하오성sh
치(0.0333m)	寸	cūn	춘
자(0.333m)	尺	chǐ	츠ch

중국의 중요 절기

신년(1월 1일)	新年	xīnnián	신니엔
설(음력 1월 1일)	春节	chūnjié	춘ch지에
정월대보름(음력 1월 15일)			
	元宵节	Yuánxiāo Jié	위엔시아오지에
부녀절(3월 8일)	妇女节	fùnǚ Jié	푸f뉘지에
노동절(5월 1일)	劳动节	láodòng Jié	라오똥지에
청년절(5월 4일)	青年节	qīngnián Jié	칭니엔지에
건군절(8월 1일)	建军节	jiànjūn Jié	지엔쥔지에
중추절(음력 8월 15일)			
	仲秋节	zhōngqiūjié	쫑zh치우지에
국경절(10월 1일)	国庆节	guóqìngjié	꾸워칭지에

여행 중
꼭 필요한
필수 중국어사전
②

가격	价格	jiàgé	지아꺼
가깝다	近	jìn	진
가늘다	细	xì	시
가다	去	qù	취
가라오케	卡拉OK	kǎlāōukēi	카라오케이
가르치다	教	jiào	지아오
가볍다	轻	qīng	칭
가수	歌手	gēshǒu	꺼쑈sh우
가스레인지	煤气灶	méiqìzào	메이치짜오
가이드	导游	dǎoyóu	다오요우
가위	剪刀	jiǎndāo	지엔따오
가정주부	家庭妇女	jiātíngfùnǚ	지아팅푸f뉘
간부	干部	gànbù	깐뿌
간장	酱油	jiàngyóu	지앙여우
간식	点心	diǎnxīn	디엔신
간호사	护士	hùshì	후스sh
갈비	排骨	páigǔ	파이꾸
감기	感冒	gǎnmào	깐마오
감동하다	感动	gǎndòng	깐똥
감사하다	感谢	gǎnxiè	깐시에
강	江 / 河	jiāng / hé	지앙 / 허
강도	强盗	qiángdào	치앙따오
강아지	小狗	xiǎogǒu	시아오꺼우
거리	街道	jiēdào	지에따오

거슬러주다	找钱	zhǎoqián	쟈zh오치엔
거실	客厅	kètīng	커팅
거울	镜子	jìngzi	징쯔
걱정하다	担心	dānxīn	딴신
건배	干杯	gānbēi	깐뻬이
건전지	电池	diànchí	띠엔츠ch
건조하다	干燥	gānzào	깐짜오
걷다	走	zǒu	쩌우
검사하다	检查	jiǎnchá	지엔챠ch
게시판	公布栏	gōngbùlán	꽁뿌란
게임	游戏	yóuxì	여우시
겨자	芥末	jièmo	지에뭐
결항	停飞	tíngfēi	팅페f이
결혼	结婚	jiéhūn	지에훈
결혼식	结婚典礼	jiéhūn diǎnlǐ	지에훈띠엔리
결혼 상대자	对象	duìxiàng	뛔이시앙
결혼 축하주	喜酒	xǐjiǔ	시지우
결혼 피로연	喜宴	xǐyàn	시엔
겸손하다	客气	kèqi	커치
경비	保安	bǎoān	빠오안
경찰	警察	jǐngchá	징챠ch
경찰서	公安局	gōngānjú	꽁안쥐
경치	景色	jǐngsè	징써
계단	楼梯	lóutī	로우티
계란	鸡蛋	jīdàn	지딴
계산기	计算器	jìsuànqì	지쑤안치
계산대	收款台	shōukuǎntái	셔우콴타이

계산서	帐单	zhàngdān	쨩zh딴
계속	继续	jìxù	지쉬
계절	季节	jìjié	지지에
고기	肉	ròu	뤄r우
고등학교	高中	gāozhōng	까오쫑zh
고생하다	辛苦	xīnkǔ	신쿠
고속도로	高速公路	gāosù gōnglù	까오쑤꽁루
고양이	猫	māo	마오
고장나다	坏	huài	화이
고추장	辣椒酱	làjiāojiàng	라지아오지앙
골동품점	古玩店	gǔwándiàn	꾸완디엔
골목	胡同	hútòng	후통
공부하다	学习	xuéxí	쉬에시
공원	公园	gōngyuán	꽁위엔
공중전화	公用电话		
		gōngyòng diànhuà	꽁용띠엔후와
공항	机场	jīchǎng	지챵ch
과일	水果	shuǐguǒ	쉐sh이구워
과자	饼干	bǐnggān	삥깐
관광버스	游览车	yóulǎnchē	여우란쳐ch
광고	广告	guǎnggào	꽝까오
광천수	矿泉水		
		kuànquánshuǐ	꽝취엔쉐sh이
교환원	总机	zǒngjī	쫑지
교회	教堂	jiàotáng	지아오탕
구급차	救护车	jiùhùchē	지어우후쳐ch
구두	皮鞋	píxié	피시에

구둣방	鞋铺	xiépù	시에푸
구명조끼	救生衣	jiùshēngyī	지어우셩sh이
국	汤	tāng	탕
국수	面条儿	miàntiáor	미엔티아올
국제전화	国际电话		
		guójì diànhuà	꾸워지띠엔후와
국화	菊花	júhuā	쮜후와
굵다	粗	cū	추
귀고리	耳环	ěrhuán	얼후완
귀중품	贵重物品		
		guìzhòng wùpǐn	꾸에이쫑zh우핀
귀엽다	可爱	kěài	커아이
귀찮다	麻烦	máfan	마판f
그릇	碗	wǎn	완
그림	画	huà	후와
금	金	jīn	진
금연석	禁烟席	jìnyānxí	진옌시
기념품	纪念品	jìniànpǐn	지니엔핀
기다리다	等	děng	떵
기대하다	期待	qīdài	치따이
기독교	基督教	jīdūjiào	지뚜지아오
기름	油	yóu	여우
기쁘다	高兴	gāoxìng	까오싱
기숙사	宿舍	sùshè	쑤셔sh
기억하다	记住	jìzhu	찌쮸zh
기온	气温	qìwēn	치원
기자	记者	jìzhě	지져zh

기침하다	咳嗽	késou	커써우
긴장하다	紧张	jǐnzhāng	진쨩zh
길다	长	cháng	창ch
김치	泡菜	pàocài	파오차이
깊다	深	shēn	션sh
껌	口香糖	kǒuxiāngtáng	커우시앙탕
깨	芝麻	zhīmá	쯔zh마
깨끗하다	干净	gānjìng	깐징
꽃	花儿	huār	후와(ㄹ)
꽃이 피다	开花	kāihuā	카이후와
꿀	蜜	mì	미
끝나다	结束	jiéshù	지에슈sh

ㄴ

나무	树木	shùmù	슈sh무
나뭇가지	树枝	shùzhī	슈sh쯔zh
나쁘다	不好 / 坏		
		bùhǎo / huài	뿌하오 / 화이
나침반	指南针	zhǐnánzhēn	쯔zh난쩐zh
날씨	天气	tiānqì	티엔치
날씬하다	苗条	miáotiao	미아오티아오
내과	内科	nèikē	네이커
냉장고	电冰箱		
		diànbīngxiāng	띠엔삥시앙
넓다	宽	kuān	쿠완

넘어지다	跌倒	diēdǎo	띠에따오
네트워크	网络	wǎngluò	왕루워
넥타이	领带	lǐngdài	링따이
노력하다	努力	nǔlì	누리
노래하다	唱歌	chànggē	챵ch꺼
노점	摊子	tānzi	탄쯔
노트북	笔记本电脑		
	bǐjìběn diànnǎo		삐지번띠엔나오
녹음기	录音机	lùyīnjī	루인지
녹차	绿茶	lǜchá	뤼챠ch
놀라다	惊喜	jīngxǐ	찡시
높다	高	gāo	까오
누구	谁	shéi	셰sh이
눈	雪	xuě	쉬에
눕다	躺	tǎng	탕
뉴스	新闻	xīnwén	신원
느끼다	觉得	juéde	쥐에더
느리다	慢	màn	만
늙다	老	lǎo	라오

ㄷ

다리(교량)	桥	qiáo	치아오
다리미질하다	烫	tàng	탕
다음	下	xià	시아
다음번	下次	xiàcì	시아츠

다이아몬드	钻石	zuànshí	쭈안스sh
다치다	受伤	shòushāng	쇼우샹sh
닦다	擦	cā	차
단추	扣子	kòuzi	커우즈
단풍	红叶	hóngyè	홍예
달러	美金	měijīn	메이진
달리기	跑步	pǎobù	파오뿌
닭고기	鸡肉	jīròu	지뤄r우
담배	烟	yān	옌
담배를 피우다	抽烟	chōuyān	쳐ch우옌
당기다	拉	lā	라
대개	大概	dàgài	따까이
대나무	竹子	zhúzi	쮸zh즈
대단히	非常	fēicháng	페f이챵ch
대로	马路	mǎlù	마루
대변	大便	dàbiàn	따삐엔
대사관	大使馆	dàshǐguǎn	따스sh 꽌
대통령	总统	zǒngtǒng	쫑통
대학	大学	dàxué	따쉬에
더럽다	脏	zāng	짱
도둑	小偷儿	xiǎotōur	시아오토울(ㄹ)
도서관	图书馆	túshūguǎn	투슈sh 꽌
도자기	陶瓷器	táocíqì	타오츠치
도장	图章	túzhāng	투쨩zh
도착하다	到	dào	따오
돈	钱	qián	치엔
돌봐주다	照顾	zhàogù	쨔zh오꾸

돕다	帮	bāng	빵
동물원	动物园	dòngwùyuán	똥우위엔
돼지고기	猪肉	zhūròu	쮸zh뤄r우
된장	大酱	dàjiàng	따지앙
두껍다	厚	hòu	허우
두통	头痛	tóutòng	터우통
듣다	听	tīng	팅
등록카드	登记卡	dēngjìkǎ	떵지카
디지털	数码	shùmǎ	슈sh마
따뜻하다	暖和	nuǎnhuo	누완후워
딸	女儿	nǚér	뉘얼
땀	汗	hàn	한
땅콩	花生	huāshēng	화셩sh
뚱뚱하다	胖	pàng	팡

ㄹ

라디오	收音机	shōuyīnjī	셔sh우인지
라면(사발면)	方便面	fāngbiànmiàn	팡f삐엔미엔
라이터	打火机	dǎhuǒjī	따후워지
로비	大厅	dàtīng	따팅
룸메이트	同屋	tóngwū	통우
립스틱	口红	kǒuhóng	커우홍

마늘	蒜	suàn	쑤안
마르다	瘦	shòu	셔sh우
마우스	鼠标	shǔbiāo	슈sh삐아오
마중하다	接	jiē	지에
마치	好像	hǎoxiàng	하오시앙
마침	正好	zhènghǎo	쩡zh하오
마침내	终于	zhōngyú	쫑zh위
만나다	见	jiàn	지엔
만년필	钢笔	gāngbǐ	깡삐
만두	饺子	jiǎozi	지아오즈
만들다	做	zuò	쭈워
만우절	愚人节	yúrénjié	위런지에
만족하다	满意	mǎnyì	만이
만화	卡通	kǎtōng	카통
많다	多	duō	뚜워
말하다	说	shuō	슈sh워
맛	味道	wèidao	웨이따오
맛보다	尝	cháng	창ch
맛없다	不好吃	bùhǎochī	뿌하오츠ch
맛있다	好吃	hǎochī	하오츠ch
망신스럽다	丢脸	diūliǎn	띠우리엔
매일	每天	měitiān	메이티엔
매표소	售票处	shòupiàochù	
		쇼sh우피아오츄ch	

221

매화	梅花	méihuā	메이후와
맥주	啤酒	píjiǔ	피지우
맹인	瞎子	xiāzi	시아쯔
머리카락	头发	tóufa	터우파f
머물다	停留	tíngliú	팅리우
먹다	吃	chī	츠ch
멀다	远	yuǎn	위엔
메뉴판	菜单	càidān	차이딴
면세점	免税商店	miǎnshuì shāngdiàn	
		미엔슈에이 샹sh띠엔	
명승고적	名胜古迹		
		míngshēng gǔjì	밍성sh꾸지
명함	名片	míngpiàn	밍피엔
몇 시	几点	jǐdiǎn	지디엔
모니터	监视器	jiānshìqì	지엔스sh치
모닝콜	叫醒电话		
		jiàoxǐng diànhuà	지아오싱띠엔화
모란	牡丹	mǔdan	무딴
모르다	不知道	bùzhīdào	뿌즈zh따오
모양	样子	yàngzi	양쯔
모임	聚会	jùhuì	쥐후에이
모자	帽子	màozi	마오쯔
목걸이	项链	xiàngliàn	시앙리엔
목구멍	嗓子	sǎngzi	쌍쯔
목도리	围巾	wéijīn	웨이진
목마르다	口渴	kǒukě	코우커
목사	牧师	mùshī	무스sh

목소리	声音	shēngyīn	성sh인
목욕하다	洗澡	xǐzǎo	시짜오
몰래	偷偷的	tōutōude	토우토우더
몸 / 건강	身体	shēntǐ	션sh티
못생기다	丑	chǒu	쵸ch우
무겁다	重	zhòng	쫑zh
무서워하다	怕	pà	파
무슨	什么	shénme	션sh머
무승부	平局	píngjú	핑쥐
무역	贸易	màoyì	마오이
문을 닫다	关门	guānmén	꽌 먼
문을 열다	开门	kāimén	카이먼
문제 없다	没问题	méiwèntí	메이원티
물	水	shuǐ	슈sh에이
물건	东西	dōngxi	똥시
물수건	湿巾	shījīn	스sh진
미술관	美术馆	měishùguǎn	메이슈sh꽌
미용실	美容院	měiróngyuàn	메이롱위엔
믿다	信	xìn	신

ㅂ

바구니	篮子	lánzi	란쯔
바꾸다	换	huàn	후완
바람 불다	刮风	guāfēng	꾸와펑f
바쁘다	忙	máng	망

바이러스	病毒	bìngdú	삥뚜
바지	裤子	kùzi	쿠즈
반바지	短裤	duǎnkù	뚜안쿠
반지	戒指	jièzhi	지에즈zh
반찬	小菜	xiǎocài	시아오차이
박물관	博物馆	bówùguǎn	보우꽌
받다	收	shōu	셔sh우
발레	芭蕾舞	bāléiwǔ	빠레이우
발렌타인 데이	情人节	qíngrénjié	칭런지에
발음	发音	fāyīn	파f인
방	房间	fángjiān	팡f지엔
방금	刚刚	gānggāng	깡깡
방문하다	拜访	bàifǎng	빠이팡f
방법	方法	fāngfǎ	팡f파f
방학하다	放假	fàngjià	팡f지아
배고프다	饿	è	으어
배부르다	饱	bǎo	빠오
배우	演员	yǎnyuán	옌위엔
배우다	学	xué	쉬에
백화점	百货大楼	bǎihuò dàlóu	
		바이후워따로우	
버리다	扔掉	rēngdiào	렁띠아오
버터	黄油	huángyóu	황여우
번거롭다	麻烦	máfan	마판f
벌금	罚款	fákuǎn	파f콴
벌써	已经	yǐjīng	이징
벗다	脱	tuō	투워

베개	枕头	zhěntou	쩐zh터우
베란다	阳台	yángtái	양타이
벨트	腰带	yāodài	야오따이
벽	墙	qiáng	치앙
변호사	律师	lǜshī	뤼스sh
변화	变化	biànhuà	삐엔후와
별	星星	xīngxing	싱싱
병	瓶	píng	핑
병원	医院	yīyuàn	이위엔
보관	保管	bǎoguǎn	바오꽌
보너스	奖金	jiǎngjīn	지앙진
보다	看	kàn	칸
보증금	押金	yājīn	야진
보통우편	普通信	pǔtōngxìn	푸통신
보험	保险	bǎoxiǎn	바오시엔
복도	走廊	zǒuláng	쩌우랑
볶음밥	炒饭	chǎofàn	챠ch오판f
볼링	保龄球	bǎolíngqiú	바오링치우
부딪치다	撞	zhuàng	쮸zh앙
부러워하다	羡慕	xiànmù	시엔무
부르다	叫	jiào	지아오
부부	夫妻	fūqī	푸f치
부엌	厨房	chúfáng	츄ch팡f
부채	扇子	shànzi	샨sh쯔
분위기	气氛	qìfēn	치펀f
불교	佛教	fójiào	포f지아오
불쌍하다	可怜	kělián	커리엔

불편하다	不舒服	bùshūfu	뿌슈sh푸f
비닐봉지	塑料袋	sùliàodài	쑤리아오따이
비누	肥皂	féizào	페f이짜오
비단	绸子	chóuzi	쵸ch우즈
비디오	录像机	lùxiàngjī	루시앙지
비밀번호	密码	mìmǎ	미마
비상구	安全门	ānquánmén	안취엔먼
비슷하다	差不多	chàbuduō	챠ch부뚜워
비싸다	贵	guì	꾸웨이
비자	签证	qiānzhèng	치엔 쩡zh
비행기표	飞机票	fēijīpiào	페f이지피아오
빌리다	借	jiè	지에
빗	梳子	shūzi	슈sh즈
빠르다	快	kuài	콰이
빵	面包	miànbāo	미엔빠오
빵집	面包店		
		miànbāodiàn	미엔빠오띠엔
브로치	胸针	xiōngzhēn	숑 쩐zh
벨트	皮带	pídài	피따이

사거리	十字路口	shízìlùkǒu	스sh쯔루커우
사다	买	mǎi	마이
사랑하다	爱	ài	아이
사무실	办公楼	bàngōnglóu	빤꽁로우

사용하다	用	yòng	용
사이다	雪碧	xuébì	쉬에삐
사이트	网站	wǎngzhàn	왕짠zh
사인하다	签名	qiānmíng	치엔밍
사장	总经理	zǒngjīnglǐ	쫑징리
사진	照片	zhàopiàn	짜zh오피엔
사회자	主持人	zhǔchírén	쮸zh츠ch런
산	山	shān	샨sh
삼거리	丁字路口	dǐngzìlùkǒu	띵즈루커우
삼겹살	五花肉	wǔhuāròu	우화뤄우
상아	象牙	xiàngyá	시앙야
상점	商店	shāngdiàn	샹sh띠엔
새것	新的	xīnde	신더
새우	虾	xiā	시아
새해	新年	xīnnián	신니엔
새해 복 많이 받으세요	新年快乐		
		xīnniánkuàilè	신니엔콰일러
샌드위치	三明治	sānmíngzhì	싼밍쯔zh
생강	姜	jiāng	지앙
생수	矿泉水		
		Kuàngquánshuǐ	쾅취엔슈sh에이
생일	生日	shēngrì	셩sh르
생활	生活	shēnghuó	셩sh후워
서두르다	着急	zháojí	짜zh오지
서비스	服务	fúwù	푸f우
서점	书店	shūdiàn	슈sh디엔
서커스	杂技	zájì	자찌

선물	礼物	lǐwù	리우
선생님	老师	lǎoshī	라오스sh
선수	选手	xuǎnshǒu	쉬엔셔우
선풍기	电(风)扇		
		diàn(fēng)shàn	띠엔(펑f)샨sh
설사하다	拉肚子	lādùzi	라뚜즈
설탕	白糖	báitáng	바이탕
세뱃돈	压岁钱	yāsuìqián	야쑤에이치엔
세탁기	洗衣机	xǐyījī	시이지
세트메뉴	套餐	tàocān	타오찬
소개하다	介绍	jièshào	지에샤sh오
소금	盐	yán	옌
소매	袖子	xiùzi	시우쯔
소변	小便	xiǎobiàn	시아오삐엔
소설	小说	xiǎoshuō	시아오슈sh워
소시지	香肠	xiāngcháng	시앙챵ch
소식	消息	xiāoxi	시아오시
소파	沙发	shāfā	샤sh파f
소프트웨어	软件	ruǎnjiàn	루완지엔
손님	客人	kèrén	커런
손목시계	手表	shǒubiǎo	셔우삐아오
손전등	手电筒	shǒudiàntǒng	쇼sh우띠엔통
송금	汇款	huìkuǎn	훼이쿠완
수건	毛巾	máojīn	마오진
수도꼭지	水龙头	shuǐlóngtóu	슈sh에이롱터우
수수료	手续费	shǒuxùfèi	셔sh우쉬페f이
수업하다	上课	shàngkè	샹sh커

한국어	중국어	발음	한글발음
수업을 마치다	下课	xiàkè	시하커
수영복	游泳衣	yóuyǒngyī	여우용이
수하물	手提行李	shǒutí xíngli	셔sh우티싱리
술	酒	jiǔ	지우
술집	酒吧	jiǔbā	지우빠
쉬다	休息	xiūxi	시우시
쉽다	容易	róngyì	롱이
슈퍼마켓	超级市场	chāojí shìchǎng	챠ch오지스sh창ch
스위치	开关	kāiguān	카이꽌
스카프	围巾	wéijīn	웨이진
스타(인기연예인)	明星	míngxīng	밍싱
스튜어디스	空中小姐	kōngzhōng xiǎojiě	콩쫑zh시아오지에
슬리퍼	拖鞋	tuōxié	투워시에
슬프다	悲哀	bēi'āi	뻬이아이
습관	习惯	xíguàn	시꽌
승객	乘客	chéngkè	청ch커
승진	晋升	jìnshēng	진셩sh
시(詩)	诗	shī	스sh
시계	钟	zhōng	쫑zh
시내	市内	shìnèi	스sh네이
시댁	婆家	pójia	풔지아
시원하다	凉快	liángkuài	리앙콰이
시작하다	开始	kāishǐ	카이스sh
시장	市场	shìchǎng	스sh창ch

시차	时差	shíchā	스sh챠ch
식당	餐厅	cāntīng	찬팅
식물원	植物园	zhíwùyuǎn	즈zh우위엔
식초	醋	cù	추
식탁	餐桌	cānzhuō	찬쮜zh워
신고하다	申报	shēnbào	션sh빠오
신랑	新郎	xīnláng	씬랑
신부	新娘	xīnniáng	신니앙
신을 신다	穿鞋	chuānxié	츄ch안 시에
신용카드	信用卡	xìnyòngkǎ	신용카
신청	申请	shēnqǐng	션sh칭
신호등	红绿灯	hónglǜdēng	홍뤼떵
신혼여행	新婚旅行		
		xīnhūn lǚxíng	신훈뤼싱
싸다	便宜	piányi	피엔이
쌀밥	米饭	mǐfàn	미판f
쌍둥이	双胞胎		
		shuāngbāotái	슈sh앙빠오타이
썰다	切	qiē	치에
쓰다(글씨)	写	xiě	시에
쓰레기	垃圾	lājī	라지
쓰레기통	垃圾箱	lājīxiāng	라지시앙
씻다	洗	xǐ	시

아가씨	小姐	xiǎojiě	시아오지에
아내	爱人	àirén	아이런
아들	儿子	érzi	얼쯔
아르바이트하다	打工	dǎgōng	따꽁
아름답다	漂亮	piàoliang	피아오리앙
아쉽다	可惜	kěxī	커시
아이	孩子	háizi	하이즈
아이디	登记名	dēngjìmíng	떵지밍
아이스크림	冰淇淋	bīngqílín	삥치린
아주머니	阿姨	āyí	아이
아직	还	hái	하이
아프다	痛/疼	tòng / téng	통 / 텅
안경	眼镜	yǎnjìng	옌징
안내소	问讯处	wènxùnchù	원쉰츄ch
안마	按摩	ànmó	안뭐
안방	里间	lǐjiān	리지엔
안심하다	放心	fàngxīn	팡f신
안전벨트	安全带	ānquándài	안취엔따이
안쪽	里边	lǐbiān	리비엔
앉다	坐	zuò	쭤
알다	知道	zhīdao	즈zh따오
알다(사람을)	认识	rènshi	런r스sh
알람시계	闹钟	nàozhōng	나오쫑zh
앞쪽	前面	qiánmiàn	치엔미엔

애인	情人	qíngrén	칭런
야시장	夜市	yèshì	예스sh
야채	蔬菜	shūcài	슈sh차이
약국	药房	yàofáng	야오팡f
약속하다	约	yuē	위에
얇다	薄	báo	빠오
양고기	羊肉	yángròu	양뤄r우
양고기꼬치	羊肉串(儿)		
	yángròuchuàn(r)		양뤄r우촬
양말	袜子	wàzi	와쯔
양복	西装	xīzhuāng	시쮸zh앙
양식	西餐	xīcān	시찬
얕다	浅	qiǎn	치엔
얕보다	轻视	qīngshì	칭스sh
어떻게	怎么	zěnme	쩐머
어렵다	难	nán	난
어른	大人	dàrén	따런
어린이	儿童	értóng	얼퉁
어지럽다	晕	yūn	윈
언제나	常常	chángcháng	챵챵ch
얻다	得	dé	더
얼마	多少	duōshao	뚜워샤sh오
없다	没有	méiyǒu	메이여우
에스컬레이터	电动扶梯		
	diàndòng fútī		띠엔똥푸f티
에어컨	空调	kōngtiáo	콩티아오
엘리베이터	电梯	diàntī	띠엔티

여관	旅馆	lǚguǎn	뤼꽌
여권	护照	hùzhào	후짜zh오
여러분	各位	gèwèi	꺼웨이
여자친구	女朋友	nǚpéngyou	뉘펑요
여행	旅行	lǚxíng	뤼싱
연극	戏剧	xìjù	시쥐
연꽃	荷花	héhuā	허후와
연락처	联络处	liánluòchù	리엔루워츄ch
연애	恋爱	liàn'ài	리엔아이
연애하다	谈恋爱	tánliàn'ài	탄리엔아이
연필	铅笔	qiānbǐ	치엔삐
열쇠	钥匙	yàoshi	야오스sh
열이 나다	发烧	fāshāo	파f샤sh오
염색	染发	rǎnfà	란파f
영수증	收据	shōujū	셔sh우쥐
영화	电影	diànyǐng	띠엔잉
예약	预订	yùdìng	위띵
오다	来	lái	라이
오래된	旧	jiù	지우
오리구이	烤鸭	kǎoyā	카오야
오징어	鱿鱼	yóuyú	여우위
오페라	歌剧	gējù	꺼쥐
옥	玉	yù	위
올림픽	奥运会	àoyùnhuì	아오윈훼이
옷	衣服	yīfu	이푸f
옷을 입다	穿衣服	chuānyīfu	츄ch안이푸f
옷가게	服装店	fúzhuāngdiàn	푸f쭈zh앙띠엔

와이셔츠	衬衫	chènshān	천ch산sh
왕복	往返	wǎngfǎn	왕판f
외과	外科	wàikē	와이커
외국인	外国人	wàiguórén	와이꿔런
요리하다	做菜	zuòcài	쭈워차이
요즘	最近	zuìjìn	쮀이진
욕실	浴室	yùshì	위스sh
우산	雨伞	yǔsǎn	위싼
우유	牛奶	niúnǎi	니우나이
우정	友情	yǒuqíng	여우칭
우표	邮票	yóupiào	여우피아오
운동	运动	yùndòng	윈똥
운동화	运动鞋	yùndòngxié	윈똥시에
운전기사	司机	sījī	쓰지
운전면허증	驾驶证	jiàshǐzhèng	지아스sh 쩡zh
운전하다	开车	kāichē	카이쳐ch
울다	哭	kū	쿠
웃다	笑	xiào	시아오
원숭이	猴子	hóuzi	허우즈
월드컵	世界杯	shìjièbēi	스sh지에뻬이
위생봉지	清洁袋	qīngjiédài	칭지에따이
위스키	威士忌	wēishìjì	웨이스sh지
유람선	游览船	yóulǎnchuán	여우란츄ch안
유리	玻璃	bōlí	뽀리
유원지	游乐园	yóulèyuán	여울러위엔
유치원	幼儿园	yòu'éryuán	여우얼위엔
은	银	yín	인

은행	银行	yínháng	인항
음료	饮料	yǐnliào	인리아오
음식	菜	cài	차이
음식점	饭馆	fànguǎn	판f꽌
의사	大夫	dàifu	따이푸f
의자	倚子	yǐzi	이즈
이기다	赢	yíng	잉
이륙	起飞	qǐfēi	치페f이
이미	已经	yǐjīng	이징
이불	被子	bèizi	뻬이즈
이쑤시개	牙签	yáqiān	야치엔
이상하다	奇怪	qíguài	치꽈이
이자	利息	lìxí	리시
이해하다	懂	dǒng	똥
인도(人道)	人行道	rénxíngdào	런싱따오
인민폐	人民币	rénmínbì	런민삐
인터뷰	采访	cǎifǎng	차이팡f
일어나다(기상하다)	起床	qǐchuáng	치츄ch앙
일하다	工作	gōngzuò	꽁쭈워
잃다	丢	diū	띠우
임금	工资	gōngzī	꽁쯔
입구	入口	rùkǒu	루커우
입국	入境	rùjìng	루징
입다	穿	chuān	츄ch안
입맛	胃口	wèikǒu	웨이커우
입장권	门票	ménpiào	먼피아오
입학	入学	rùxué	루쉬에

있다	在	zài	짜이
잊다	忘	wàng	왕
잎	叶	yè	예

ㅈ

자동차	汽车	qìchē	치쳐ch
자르다(머리를)	剪	jiǎn	지엔
자전거	自行车	zìxíngchē	쯔싱쳐ch
작다	小	xiǎo	시아오
잔돈	零钱	língqián	링치엔
잠그다	锁	suǒ	쑤워
잠을 자다	睡觉	shuìjiào	슈sh에이지아오
잡지	杂志	zázhì	자쯔zh
장갑	手套	shǒutào	셔우타오
장난감	玩具	wánjù	완쮜
장미	玫瑰	méigui	메이꾸웨이
장사	生意	shēngyì	셩sh이
장점	好处	hǎochù	하오츄ch
장학금	奖学金	jiàngxuéjīn	지앙쉬에진
쟈스민차	茉莉花茶		
		mòlìhuāchá	모리화챠ch
재떨이	烟灰缸	yānhuīgāng	옌후에이깡
재미있다	有意思	yǒuyìsi	여우이쓰
잼	果酱	guǒjiàng	꾸워지앙
쟁반	盘子	pánzi	판쯔

236

저울	秤	chèng	청ch
적다	少	shǎo	샤sh오
적합하다	合	héshì	허스sh
전기다리미	电熨斗	diànyùndǒu	띠엔윈떠우
전기밥솥	电饭锅	diànfànguō	띠엔판꿔
전등	电灯	diàndēng	띠엔떵
전부	一共	yígòng	이꽁
전자레인지	微波炉	wēibōlú	웨이뽀루
전자우편	电子邮件		
		diànzǐ yóujiàn	띠엔즈여우지엔
전자제품	电子品	diànzǐpǐn	띠엔즈핀
전화번호	电话号码	diànhuà hàomǎ	
		띠엔후와 하오마	
전화카드	电话卡	diànhuàkǎ	띠엔후와카
절	寺庙	sìmiào	쓰미아오
젊다	年轻	niánqīng	니엔칭
접수하다	接收	jiēshōu	지에서sh우
정류장	车站	chēzhàn	처ch짠zh
정리하다	整理	zhěnglǐ	정zh리
정보	信息	xìnxī	신시
정확하다	准确	zhǔnquè	쭌zh취에
제자	徒弟	túdì	투띠
조금	一点儿	yīdiǎnr	이띠알
조미료	味精	wèijīng	웨이징
조심하다	小心	xiǎoxīn	시아오신
졸리다	困	kùn	쿤
좁다	窄	zhǎi	짜zh이

졸업하다	毕业	bìyè	삐예
종교	宗教	zōngjiào	종지아오
종업원	服务员	fúwùyuán	푸f우위엔
종착역	终点站	zhōngdiǎnzhàn 쫑zh디엔짠zh	

좋아하다	喜欢	xǐhuan	시환
좌석	座位	zuòwèi	쭈워웨이
주량	酒量	jiǔliàng	지우리앙
주말	周末	zhōumò	쩌zh우모
주문하다	点	diǎn	디엔
주방	厨房	chúfáng	츄ch팡f
주방장	厨师	chúshī	츄ch스sh
주사를 놓다	打针	dǎzhēn	다쩐zh
주스	果汁	guǒzhī	꾸워쯔zh
주식	股份	gǔfèn	꾸펀f
주유소	加油站	jiāyóuzhàn	지아여우짠zh
주전자	水壶	shuǐhú	슈sh에이후
주차장	停车场	tíngchēchǎng	팅처ch창ch
죽	粥	zhōu	쩌zh우
죽다	死	sǐ	쓰
준비하다	准备	zhǔnbèi	쥰zh뻬이
줄넘기	跳绳	tiàoshéng	티아오셩sh
줄을 서다	排队	páiduì	파이뚜웨이
중간	中间	zhōngjiān	쫑zh지엔
중국어	汉语	Hànyǔ	한위
중매쟁이	媒人	méirén	메이런
중요하다	重要	zhòngyào	쫑zh야오

중학교	初中	chūzhōng	츄ch죵zh
즐겁다	快乐	kuàilè	콰일러
증권	股票	gǔpiào	꾸피아오
지각하다	迟到	chídào	츠ch따오
지갑	钱包	qiánbāo	치엔빠오
지금	现在	xiànzài	시엔짜이
지난번	上次	shàngcì	샹sh츠
지다	输	shū	슈sh
지도	地图	dìtú	띠투
지름길	捷径	jiéjìng	지에징
지우개	橡皮	xiàngpí	시앙피
직업	职业	zhíyè	쯔zh예
직원	职员	zhíyuán	쯔zh위엔
직장동료	同事	tóngshì	통스sh
진주	珍珠	zhēnzhū	쩐zh쮸zh
짊어지다	背	bèi	뻬이
짐	行李	xíngli	싱리
집	家	jiā	지아
짧다	短	duǎn	뚜안
찌다	蒸	zhēng	쩡

ㅊ

차	茶	chá	챠ch
차	车	chē	쳐ch
차멀미	晕车	yùnchē	윈쳐ch

239

차비	车费	chēfèi	처ch페f이
참가하다	参加	cānjiā	찬지아
참기름	芝麻油	zhīmayóu	쯔zh마여우
참깨장	芝麻酱	zhīmajiàng	쯔zh마지앙
찻집	茶馆	cháguǎn	챠ch꽌
창가	靠窗户	kàochuānghu	카오츄ch앙후
찾다	找	zhǎo	쟈zh오
채널	频道	píndào	핀따오
책	书	shū	슈sh
책가방	书包	shūbāo	슈sh빠오
책상	书桌	shūzhuō	슈sh쭈zh워
책꽂이	书架	shūjià	슈sh지아
처음	第一次	dìyīcì	띠이츠
천장	天棚	tiānpéng	티엔펑
천주교	天主教	tiānzhǔjiào	티엔쥬zh지아오
청소기	吸尘器	xīchénqì	시천ch치
청소하다	打扫	dǎsǎo	따싸오
체온	体温	tǐwēn	티원
체육관	体育馆	tǐyùguǎn	티위꽌
체조	体操	tǐcāo	티차오
체크아웃	退房	tuìfáng	투웨이팡f
초(시간)	秒	miǎo	미아오
초	蜡烛	làzhú	라쭈zh
초대하다	邀请	yāoqǐng	야오칭
초등학교	小学	xiǎoxué	시아오쉬에
초콜릿	巧克力	qiǎokèlì	치아오커리
총명하다	聪明	cōngmíng	총밍

촬영금지	禁止拍照	jìnzhǐpàizhào	
		진즈zh파이짜zh오	
추천하다	推荐	tuījiàn	투웨이지엔
추측하다	猜	cāi	차이
축하	祝贺	zhùhè	쮸zh허
축하하다	恭喜	gōngxǐ	꽁시
출구	出口	chūkǒu	츄ch커우
출근하다	上班	shàngbān	샹sh빤
출발하다	出发	chūfā	츄ch파f
출장 가다	出差	chūchāi	츄ch챠이
춤추다	跳舞	tiàowǔ	티아오우
충분하다	够了	gòule	꺼울러
취미	爱好	àihǎo	아이하오
취소	取消	qǔxiāo	취시아오
취직	就业	jiùyè	지우예
취하다	喝醉	hēzuì	허쭈웨이
치과	牙科	yákē	야커
치마	裙子	qúnzi	췬쯔
치약	牙膏	yágāo	야까오
치즈	奶酪	nǎilào	나일라오
치통	牙痛	yátòng	야통
친구	朋友	péngyou	펑요
친절하다	热情	rèqíng	르r어칭
친정	娘家	niángjia	니앙지아
친척	亲戚	qīnqiè	친치에
침대	床	chuáng	츄ch앙
침대차	卧铺车	wòpùchē	워푸처ch

침대커버	床罩	chuángzhào	츄ch앙쨔zh오
침실	卧室	wòshì	워스sh
칫솔	牙刷	yáshuā	야슈sh와

ㅋ

카메라	照相机	zhàoxiàngjī	쨔zh오시앙지
카펫	地毯	dìtǎn	띠탄
칼	刀子	dāozi	따오즈
칼라	彩色	cǎisè	차이써
커피	咖啡	kāfēi	카페f이
커피숍	咖啡厅	kāfēitīng	카페f이팅
커트	剪发	jiǎnfà	지엔파f
커튼	窗帘	chuānglián	츄ch앙리엔
컴퓨터	电脑	diànnǎo	띠엔나오
컴맹	电脑盲	diànnǎománg	띠엔나오망
컵	杯子	bēizi	뻬이즈
케이블카	缆车	lǎnchē	란쳐ch
케이크	蛋糕	dàngāo	딴까오
케첩	番茄酱	fānqiéjiàng	판f치에지앙
콜라	可乐	kělè	컬러
콧물	鼻涕	bítì	비티
콩국	豆浆	dòujiāng	떠우지앙
쿠션	靠垫	kàodiàn	카오띠엔
크다	大	dà	따
크리스마스	圣诞节	shèngdànjié	성sh딴지에

크림	奶油	nǎiyóu	나이여우
키가 크다	个子高	gēzi gāo	꺼즈까오
키가 작다	个子矮	gēzi ǎi	꺼즈아이
키보드	键盘	jiànpán	지엔판

ㅌ

타다(말, 자전거 등)	骑	qí	치
타다(비행기, 차 등)	坐	zuò	쭈워
타자	打字	dǎzì	다쯔
탁자	桌子	zhuōzi	쭈zh워즈
탄산음료	汽水	qìshuǐ	치슈sh에이
탑승구	登机口	dēngjīkǒu	떵지커우
태풍	台风	táifēng	타이펑f
탤런트	演员	yǎnyuán	옌위엔
테이프(비디오)	磁带	cídài	츠따이
텔레비전	电视	diànshì	띠엔스sh
토마토	西红柿	xīhóngshì	시훙스sh
토론	讨论	tǎolùn	타오룬
토지	土地	tǔdì	투띠
토하다	呕吐	ǒutù	어우투
톨게이트	收费门	shōufèimén	셔sh우페이f이먼
통역	翻译	fānyì	판f이
통장	存折	cúnzhé	춘져zh
통화중	占线	zhànxiàn	짠zh시엔
퇴근하다	下班	xiàbān	시아빤

퇴직하다	退休	tuìxiū	투에이시우
트럼프	扑克	pūkè	푸커
트럼프를 치다	打扑克	dǎpūkè	따푸커
특산품	特产品	tèchǎnpǐn	터찬ch핀
특색	风味	fēngwèi	펑f웨이
틀리다	不对/错	búduì / cuò	
			부뚜웨이 / 추워
티셔츠	T恤	tīxù	티쉬
팀	队	duì	뚜웨이
팁	小费	xiǎofèi	시아오페f이

ㅍ

파란색	蓝色	lánsè	란써
파마	烫发	tàngfà	탕파f
파티	宴会	yànhuì	옌후웨이
팔다	卖	mài	마이
팔찌	手镯	shǒuzhuó	쇼sh우쭤zh워
팝콘	爆玉米花	bàoyùmǐhuā	빠오위미화
패스트푸드	快餐	kuàicān	콰이찬
팬더	熊猫	xióngmāo	숑마오
팬티	裤叉(儿)	kùchǎ(r)	쿠챠(ㄹ)
편도	单程	dānchéng	딴청ch
편리	方便	fāngbiàn	팡f삐엔
편안하다	舒服	shūfu	슈sh푸f
편지	信	xìn	신

평가하다	评价	píngjià	핑지아
포도주	葡萄酒	pútáojiǔ	푸타오지우
포장하다	打包	dǎbāo	다빠오
폭죽	爆竹	bàozhú	빠오쮸zh
풀	草	cǎo	차오
풍경	风光	fēngguāng	펑f꽝
프라이팬	煎锅	jiānguō	지엔꾸워
프런트	服务台	fúwùtái	푸f우타이
프로포즈	求婚	qiúhūn	치우훈
피서	避暑	bìshǔ	삐슈sh
피시방	网吧	wǎngbā	왕빠
피아노	钢琴	gāngqín	깡친
피자	皮萨饼	písàbǐng	피싸삥
필름	胶卷儿	jiāojuǎnr	지아오쥐얼
필요없다	不用	búyòng	뿌용
필요하다	需要	xūyào	쉬야오

ㅎ

하늘	天	tiān	티엔
하드웨어	硬件	yìngjiàn	잉지엔
하루종일	整天	zhěngtiān	zh티엔
하이힐	高根鞋	gāogēnxié	까오껀시에
학생	学生	xuésheng	쉬에셩sh
할 수 있다	能 / 会	néng / huì	넝 / 후웨이
항구	港口	gǎngkǒu	깡커우

항상	经常	jīngcháng	징챵ch
해산물	海鲜	hǎixiān	하이시엔
핸드백	手提包	shǒutíbāo	쇼우티빠오
햄버거	汉堡	hànbǎo	한빠오
행복	幸福	xìngfú	싱푸f
향수	香水	xiāngshuǐ	시앙슈에이
허리	腰	yāo	야오
헤어드라이어	吹风机	chuīfēngjī	췌ch이펑지
헤어스타일	发型	fàxíng	파f싱
현금	现金	xiànjīn	시엔진
현상(사진)	冲洗	chōngxǐ	총ch시
혈액형	血型	xuèxíng	쉬에싱
호수	湖	hú	후
호주머니	口袋	kǒudài	커우따이
호텔	饭店	fàndiàn	판f띠엔
홍차	红茶	hóngchá	홍챠ch
화나다	生气	shēngqì	셩sh치
화병	花瓶	huāpíng	화핑
화장	化妆	huàzhuāng	화쮸zh앙
화장실	卫生间	wèishēngjiān	웨이셩sh지엔
화장품	化妆品	huàzhuāngpǐn	화쮸zh앙핀
확인	确认	quèrèn	취에런
환불	退钱	tuìqián	투웨이치엔
환승	换车	huànchē	환처ch
환영	欢迎	huānyíng	환잉
환율	汇率	huìlǜ	훼이뤼
환전	兑换	duìhuàn	뚜웨이후완

회사	公司	gōngsī	꽁쓰
후추	胡椒	hújiāo	후지아오
훌륭하다	了不起	liǎobuqǐ	리아오부치
훨씬	更	gèng	껑
휠체어	轮椅	lúnyǐ	룬이
휴대전화	手机	shǒujī	쇼sh우지
흡연석	吸烟席	xīyānxí	시옌시

가림출판사
가림M&B
가림Let's 에서 나온 책들

문 학

바늘구멍
켄 폴리트 지음 / 홍영의 옮김
신국판 / 342쪽 / 5,300원

레베카의 열쇠
켄 폴리트 지음 / 손연숙 옮김
신국판 / 492쪽 / 6,800원

암병선
니시무라 쥬코 지음 / 홍영의 옮김
신국판 / 300쪽 / 4,800원

첫키스한 얘기 말해도 될까
김정미 외 7명 지음
신국판 / 228쪽 / 4,000원

사미인곡 上·中·下
김충호 지음 / 신국판 / 각 권 5,000원

이내의 끝자리
박수완 스님 지음
국판변형 / 132쪽 / 3,000원

너는 왜 나에게 다가서야 했는지
김충호 지음 / 국판변형 / 124쪽 / 3,000원

세계의 명언
편집부 엮음 / 신국판 / 322쪽 / 5,000원

여자가 알아야 할 101가지 지혜
제인 아서 엮음 / 지창국 옮김
4×6판 / 132쪽 / 5,000원

현명한 사람이 읽는 지혜로운 이야기
이정민 엮음 / 신국판 / 236쪽 / 6,500원

성공적인 표정이 당신을 바꾼다
마츠오 도오루 지음 / 홍영의 옮김
신국판 / 240쪽 / 7,500원

태양의 법
오오카와 류우호오 지음 / 민병수 옮김
신국판 / 246쪽 / 8,500원

영원의 법
오오카와 류우호오 지음 / 민병수 옮김
신국판 / 240쪽 / 8,000원

석가의 본심
오오카와 류우호오 지음 / 민병수 옮김
신국판 / 246쪽 / 10,000원

옛 사람들의 재치와 웃음
강형중·김정익 편저
신국판 / 316쪽 / 8,000원

지혜의 쉼터
쇼펜하우어 지음 / 김충호 엮음
4×6판 양장본 / 160쪽 / 4,300원

헤세가 너에게
헤르만 헤세 지음 / 홍영의 엮음
4×6판 양장본 / 144쪽 / 4,500원

사랑보다 소중한 삶의 의미
크리슈나무르티 지음 / 최윤영 엮음
신국판 / 180쪽 / 4,000원

장자-어찌하여 알 속에 털이 있다 하는가
홍영의 엮음 / 4×6판 / 180쪽 / 4,000원

논어-배우고 때로 익히면 즐겁지 아니한가
신도희 엮음 / 4×6판 / 180쪽 / 4,000원

맹자-가까이 있는데 어찌 먼 데서 구하려 하는가
홍영의 엮음 / 4×6판 / 180쪽 / 4,000원

아름다운 세상을 만드는 사랑의 메시지 365
DuMont monte Verlag 엮음 / 정성호 옮김
독일에서 출간 이후 1백만 권 이상 판매된 베스트셀러. 특별히 소중한 사람을 행복하게 만드는 독창적인 사랑고백법 365가지를 수록한 마음이 따뜻해지는 책.

4×6판 변형 양장본 / 240쪽 / 8,000원

황금의 법
오오카와 류우호오 지음 / 민병수 옮김

불법진리의 연구 및 공부를 통하여 종교적 깨달음의 깊이를 더해 주는 불서.

신국판 / 320쪽 / 12,000원

왜 여자는 바람을 피우는가?
기젤라 룬테 지음 / 김현성 · 진정미 옮김

각계 각층의 여자들과의 인터뷰를 바탕으로 하여 여자들이 바람 피우는 이유를 진솔하게 해부한 여성 탐구서.

국판 / 200쪽 / 7,000원

건 강

식초건강요법
건강식품연구회 엮음 / 신재용(해성한의원 원장) 감수

가장 쉽게 구할 수 있고 경제적인 식품이면서 상상할 수 없을 정도로 뛰어난 약효를 지닌 식초의 모든 것을 담은 건강지침서! 신국판 / 224쪽 / 6,000원

아름다운 피부미용법
이순희(한독피부미용학원 원장) 지음

피부조직에 대한 기초 이론과 우리 몸의 생리를 알려줌으로써 아름다운 피부, 젊은 피부를 오래 유지할 수 있는 비결 제시!

신국판 / 296쪽 / 6,000원

버섯건강요법
김병각 외 6명 지음

종양 억제율 100%에 가까운 96.7%를 나타내는 기적의 약용버섯 등 신비의 버섯을 통하여 암을 치료하고 비만, 당뇨, 고혈압, 동맥경화 등 각종 성인병 예방을 위한 생활 건강 지침서! 신국판 / 286쪽 / 8,000원

성인병과 암을 정복하는 유기게르마늄
이상현 편저 / 캬오 샤오이 감수

최근 들어 각광을 받고 있는 새로운 치료제인 유기게르마늄을 통한 성인병, 각종 암의 치료에 대해 상세히 소개.

신국판 / 312쪽 / 9,000원

난치성 피부병
생약효소연구원 지음

현대의학으로도 치유불가능했던 난치성 피부병인 건선 · 아토피(태열)의 완치요법이 수록된 건강 지침서.

신국판 / 232쪽 / 7,500원

新 방약합편
정도명 편역

자신의 병을 알고 증세에 맞춰 스스로 처방을 할 수 있고 조제할 수 있는 보약 506가지 수록. 신국판 / 416쪽 / 15,000원

자연치료의학
오홍근(신경정신과 의학박사 · 자연의학박사) 지음

자연산물을 이용하여 부작용 없이 치료하는 건강 생활 비법 공개!!

신국판 / 472쪽 / 15,000원

약초의 활용과 가정한방
이인성 지음

주변의 흔한 식물과 약초를 활용하여 각종 질병을 간편하게 예방 · 치료할 수 있는 비법제시. 신국판 / 384쪽 / 8,500원

역전의학
이시하라 유미 지음 / 유태종 감수

일반상식으로 알고 있는 건강상식에 대해 전혀 새로운 관점에서 비판하고 아울러 새로운 방법들을 제시한 건강 혁명 서적!!

신국판 / 286쪽 / 8,500원

이순희식 순수피부미용법
이순희(한독피부미용학원 원장) 지음

자신의 피부에 맞는 관리법으로 스스로 피부관리를 할 수 있는 방법을 제시하고 책 속 부록으로 천연팩 재료 사전과 피부 타입별 팩 고르기. 신국판 / 304쪽 / 7,000원

21세기 당뇨병 예방과 치료법
이현철(연세대 의대 내과 교수) 지음

세계 최초 유전자 치료법을 개발한 저자가 당뇨병과 대항하여 가장 확실하게 이길 수 있는 당뇨병에 대한 올바른 이론과 발병시 대처 방법을 상세히 수록!

신국판 / 360쪽 / 9,500원

신재용의 민의학 동의보감
신재용(해성한의원 원장) 지음

주변의 흔한 먹거리를 이용하여 신비의 명

약이나 보약으로 활용할 수 있는 건강 지침서로서 저자가 TV나 라디오에서 다 밝히지 못한 한방 및 민간요법까지 상세히 수록!!   신국판 / 476쪽 / 10,000원

치매 알면 치매 이긴다
배오성(백상한방병원 원장) 지음

B.O.S.요법으로 뇌세포의 기능을 활성화시키고 엔돌핀의 분비효과를 극대화시켜 증상에 맞는 한약 처방을 병행하여 치매를 치유하는 획기적인 치유법 제시.
신국판 / 312쪽 / 10,000원

21세기 건강혁명 밥상 위의 보약 생식
최경순 지음

항암식품으로, 다이어트식으로, 젊고 탄력적인 피부를 유지할 수 있게 해주는 자연식으로의 생식을 소개하여 현대인들의 건강 길라잡이가 되도록 하였다.

신국판 / 348쪽 / 9,800원

기치유와 기공수련
윤한홍(기치유 연구회 회장) 지음

누구나 노력만 하면 개발할 수 있고 활용할 수 있는 기 수련 방법과 기치유 개발 방법 소개.   신국판 / 340쪽 / 12,000원

만병의 근원 스트레스 원인과 퇴치
김지혁(김지혁한의원 원장) 지음

만병의 근원인 스트레스를 속속들이 파헤치고 예방법까지 속시원하게 제시!!

신국판 / 324쪽 / 9,500원

김종성 박사의 뇌졸중 119
김종성 지음

우리나라 사망원인 1위. 뇌졸중 분야의 최고 권위자인 저자가 일상생활에서의 건강관리부터 환자간호에 이르기까지 뇌졸중의 예방, 치료법 등 모든 것 수록.
신국판 / 356쪽 / 12,000원

탈모 예방과 모발 클리닉
장정훈 · 전재홍 지음

미용적인 측면과 우리가 일상적으로 고민하고 궁금해 하는 털에 관한 내용들을 다양하고 재미있게 예들을 들어가면서 흥미롭게 풀어간 것이 이 책의 특징.

신국판 / 252쪽 / 8,000원

구태규의 100% 성공 다이어트
구태규 지음

하이틴 영화배우의 다이어트 체험서. 건강하게 날씬해지고 싶은 사람들을 위한 필독서!   4×6배판 변형 / 240쪽 / 9,900원

암 예방과 치료법
이준기 지음

암환자와 가족들을 위해서 암의 치료방법에서부터 합병증의 예방 및 암이 생기기 전에 알 수 있는 방법에 이르기까지 상세하게 해설해 놓은 책.
신국판 / 296쪽 / 11,000원

알기 쉬운 위장병 예방과 치료법
민영일 지음

소화기관인 위와 관련 기관들의 여러 질환을 발병 원인, 증상, 치료법을 중심으로 알기 쉽게 해설해 놓은 건강서.
신국판 / 328쪽 / 9,900원

이온 체내혁명
노보루 야마노이 지음 / 김병관 옮김

새로운 건강관리 이론으로 주목을 받고 있는 음이온을 통해 건강을 돌볼 수 있는 방법 제시.   신국판 / 272쪽 / 9,500원

어혈과 사혈요법
정지천 지음

침과 부항요법 등을 사용하여 모든 질병을 다스릴 수 방법과 우리 주변에서 흔하게 접할 수 있는 각 질병의 상황별 처치를 혈자리 그림과 함께 해설.
신국판 / 308쪽 / 12,000원

약손 경락마사지로 건강미인 만들기
고정환 지음

경락과 민족 고유의 정신 약손을 결합시킨 약손 성형경락 마사지로 수술하지 않고도 자신이 원하는 부위를 고치는 방법을 제시하는 건강 미용서.
4×6배판 변형 / 284쪽 / 15,000원

정유정의 LOVE DIET
정유정 지음

널리 알려진 온갖 다이어트 방법으로 살을 빼려고 노력했던 저자의 고통스러웠던 다이어트 체험담이 실려 있어 지금 살 때문에 고민하는 사람들이 가슴에 와 닿는 나만의 다이어트 계획을 나름대로 세울 수 있을 것이다.
4×6배판 변형 / 196쪽 / 10,500원

머리에서 발끝까지 예뻐지는 부분다이어트
신상만 · 김선민 지음

한약을 먹거나 침을 맞아 살을 빼는 방법, 아로마요법을 이용한 다이어트법, 운동을 이용한 부분비만 해소법 등이 실려 있으므로 나에게 맞는 방법을 선택해 날씬하고 예쁜 몸매를 만들 수 있을 것이다.

4×6배판 변형 / 196쪽 / 11,000원

알기 쉬운 심장병 119
박승정 지음

서울아산병원 심장 내과에 있는 저자가 심장병에 관해 심장질환이 생기는 원인, 증상, 치료법을 중심으로 내용을 상세하게 해설해 놓은 건강서.

신국판 / 248쪽 / 9,000원

알기 쉬운 고혈압 119
이정균 지음

생활 속의 고혈압에 관해 일반인들이 관심을 가지고 예방할 수 있도록 고혈압의 원인, 증상, 합병증 등을 상세하게 해설해 놓은 건강서.   신국판 / 304쪽 / 10,000원

여성을 위한 부인과질환의 예방과 치료
차선희 지음

남들에게는 말할 수 없는 증상들로 고민하고 있는 여성들을 위해 부인암, 골다공증, 빈혈 등 부인과질환을 원인 및 치료방법을 중심으로 설명한 여성건강 정보서.

신국판 / 304쪽 / 10,000원

알기 쉬운 아토피 119
이승규 · 임승엽 · 김문호 · 안유일 지음

감기처럼 흔하지만 암만큼 무서운 아토피 피부염의 원인에서부터 증상, 치료방법, 임상사례, 민간요법을 적용한 환자들의 경험담 등 수록.   신국판 / 232쪽 / 9,500원

120세에 도전한다
이권행 지음

아프지 않고 건강하게 오래 살기를 바라는 현대인들에게 우리 체질에 맞는 식생활습관, 심신 활동, 생활습관, 체질별 · 나이별 양생법을 소개. 장수하고픈 독자들의 궁금증을 풀어줄 것이다.

신국판 / 308쪽 / 11,000원

건강과 아름다움을 만드는 요가
정판식 · 노진이 지음

책을 보고서 집에서 혼자서도 할 수 있는 요가법 수록. 각종 질병에 따른 요가 수정

체조법도 담았으며, 별책 부록으로 한눈에 보는 요가 차트 수록.

4×6판 변형 / 224쪽 / 14,000원

우리 아이 건강하고 아름다운 롱다리 만들기
김성훈 지음

키 작은 우리 아이를 롱다리로 만드는 비법공개. 식사습관과 생활습관만의 변화로도 키를 크게 할 수 있으므로 키 작은 자녀를 둔 부모의 고민을 해결해 준다.

대국전판 / 236쪽 / 10,500원

알기 쉬운 허리디스크 예방과 치료
이종서 지음

전문가들의 의견, 허리병의 치료에서 가장 중요한 운동치료, 허리디스크와 요통에 관해 언론에서 잘못 소개한 기사나 과장 보도한 기사, 대상이 광범위함으로써 생기고 있는 사이비 의술 및 상업적인 의술을 시행하는 상업적인 병원 등을 소개함으로써 허리병을 앓고 있는 사람들에게 정확하고 올바른 지식을 전달하고자 하는 길라잡이서.   대국전판 / 336쪽 / 12,000원

교 육

우리 교육의 창조적 백색혁명
원상기 지음 / 신국판 / 206쪽 / 6,000원

현대생활과 체육
조창남 외 5명 공저

신국판 / 340쪽 / 10,000원

퍼펙트 MBA
IAE유학네트 지음

신국판 / 400쪽 / 12,000원

유학길라잡이 I -미국편
IAE유학네트 지음

4×6배판 / 372쪽 / 13,900원

유학길라잡이 II - 4개국편
(영국 · 캐나다 · 뉴질랜드 · 호주)
IAE유학네트 지음

4×6배판 / 348쪽 / 13,900원

조기유학길라잡이.com
IAE유학네트 지음

4×6배판 / 428쪽 / 15,000원

현대인의 건강생활
박상호 외 5명 공저

4×6배판 / 268쪽 / 15,000원

천재아이로 키우는 두뇌훈련
나카마츠 요시로 지음 / 민병수 옮김

머리가 좋은 아이로 키우기 위한 환경 만들기, 식사, 운동 등 연령별 두뇌 훈련법 소개. 국판 / 288쪽 / 9,500원

테마별 고사성어로 익히는 한자
김경익 지음

세글자, 네글자로 이루어진 고사성어를 통해 실용한자를 익히고 성어 속에 담긴 의미during도 오늘에 맞게 재해석 해보는 한자 학습서. 4×6판 변형 / 248쪽 / 9,800원

生生 공부비법
이은승 지음

국내 최초 수학과외 수출의 주인공 이은승이 개발한 자기만의 맞춤식 공부학습법 소개. 공부도 하는 법을 알면 목표를 달성할 수 있다고 용기를 북돋우어 주는 실전 공부 비법서. 대국전판 / 272쪽 / 9,500원

취미 · 실용

김진국과 같이 배우는 와인의 세계
김진국 지음

포도주 역사에서 분류, 원료 포도의 종류와 재배, 양조 · 숙성 · 저장, 시음법, 어울리는 요리와 와인의 유통과 소비, 와인 시장의 현황과 전망, 와인 판매 요령, 와인의 보관과 재고의 회전, '와인 양조 비밀의 모든 것'을 동영상으로 담은 CD까지, 와인의 모든 것이 담긴 종합학습서. 국배판 변형 양장본(올 컬러판) / 208쪽 / 30,000원

경제 · 경영

CEO가 될 수 있는 성공법칙 101가지
김승룡 편역 / 신국판 / 320쪽 / 9,500원

정보소프트
김승룡 지음 / 신국판 / 324쪽 / 6,000원

기획대사전
다카하시 겐코 지음 / 홍영의 옮김

기획에 관련된 모든 사항을 실례와 도표를 통하여 초보자에서 프로기획맨에 이르기까지 효율적으로 활용할 수 있도록 체계적으로 총망라한 안내서.
신국판 / 552쪽 / 19,500원

맨손창업 · 맞춤창업 BEST 74
양혜숙 지음 / 신국판 / 416쪽 / 12,000원

무자본, 무점포 창업!

FAX 한 대면 성공한다
다카시로 고시 지음 / 홍영의 옮김

신국판 / 226쪽 / 7,500원

성공하는 기업의 인간경영
중소기업 노무 연구회 편저 / 홍영의 옮김

신국판 / 368쪽 / 11,000원

21세기 IT가 세계를 지배한다
김광희 지음

21세기 화두로 떠오른 IT혁명의 경쟁력에 대해서 전문가의 논리적이고 철저한 해설과 더불어 매장 끝까지 실제 사례를 곁들여 설명. 신국판 / 380쪽 / 12,000원

경제기사로 부자아빠 만들기
김기태 · 신현태 · 박근수 공저

날마다 배달되는 경제기사를 꼼꼼히 챙겨보는 사람만이 현대생활에서 부자가 될 수 있다. 언론인의 현장감각과 학자의 전문성을 접목시킨 것이 이 책의 특성! 누구나 이 책을 읽고 경제원리를 체득, 경제예측을 할 수 있게 준비된 생활경제서설.
신국판 / 388쪽 / 12,000원

포스트 PC의 주역 정보가전과 무선인터넷
김광희 지음

포스트 PC의 주역으로 급부상하고 있는 정보가전과 무선인터넷 그리고 이를 구현하기 위한 관련 테크놀러지를 체계적으로 소개. 신국판 / 356쪽 / 12,000원

성공하는 사람들의 마케팅 바이블
채수명 지음

최근의 이론을 보완하여 내놓은 마케팅 관련 실무서. 마케팅의 정보전략, 핵심요소, 컨설팅실무까지 저자의 노하우와 창의적

인 이론이 결합된 마케팅서.
신국판 / 328쪽 / 12,000원

느린 비즈니스로 돌아가라
사카모토 게이이치 지음 / 정성호 옮김

미국식 스피드 경영에 익숙해져 현실의 오류를 간과하고 있는 사람들을 위한 어떻게 팔 것인가보다 무엇을 팔 것인가를 차분히 설명하는 마케팅 컨설턴트의 대안 제시서!
신국판 / 276쪽 / 9,000원

적은 돈으로 큰돈 벌 수 있는 부동산 재테크
이원재 지음

700만 원으로 부동산 재테크에 뛰어들어 100배 불린 저자가 부동산 재테크를 계획하고 있는 사람들이 반드시 알아두어야 할 내용을 경험담을 담아 해설해 놓은 경제서. 신국판 / 340쪽 / 12,000원

바이오혁명
이주영 지음

21세기 국가간 경쟁부문으로 새로이 떠오르고 있는 바이오혁명에 관한 기초지식을 언론사에 몸담고 있는 현직 기자가 아주 쉽게 해설해 놓은 바이오 가이드서. 바이오 관련 용어 해설 수록.
신국판 / 328쪽 / 12,000원

두뇌혁명
나카마츠 요시로 지음 / 민병수 옮김

『뇌내혁명』 하루야마 시게오의 추천작!! 어른들을 위한 두뇌 개발서로, 풍요로운 인생을 만들기 위한 '뇌' 와 '몸' 자극법 제시. 4×6판 양장본 / 288쪽 / 12,000원

성공하는 사람들의 자기혁신 경영기술
채수명 지음

자기 계발을 통한 신지식 자기경영마인드를 갖추어야 한다는 전제 아래 그 방법을 자세하게 알려주는 자기계발 지침서.
신국판 / 344쪽 / 12,000원

CFO
교텐 토요오 · 타하라 오키시 지음 /
민병수 옮김

일반인들에게 생소한 용어인 CFO. 기업이 경쟁력을 갖추려면 최고 재무책임자의 역할이 지금까지와는 완전히 달라져야 한다. CFO의 역할, 위상 등을 일본의 기업을 중심으로 하여 알아보고 바람직한 방향을 제시한다. 신국판 / 312쪽 / 12,000원

네트워크시대 네트워크마케팅
임동학 지음

학력, 사회적 지위 등에 관계 없이 자신이 노력한 만큼 돈을 벌 수 있는 네트워크마케팅에 관해 알려주는 안내서.
신국판 / 376쪽 /12,000원

성공리더의 7가지 조건
다이앤 트레이시 · 윌리엄 모건 지음 /
지창영 옮김

개인과 팀, 조직관계의 개선을 위한 방향 제시 및 실천을 위한 안내자 역할을 해주는 책. 현장에서 활용할 수 있는 실용서.
신국판 / 360쪽 / 13,000원

김종결의 성공창업
김종결 지음

누구나 창업을 할 수는 있지만 아무나 돈을 버는 것은 아니다라는 전제 아래 중견 연기자로서, 음식점 사장님으로 성공한 탤런트 김종결의 성공비결을 통해 창업전략과 성공전략을 제시한다.
신국판 / 340쪽 / 12,000원

최적의 타이밍에 내 집 마련하는 기술
이원재 지음

부동산을 통한 재테크의 첫걸음 '내 집 마련' 의 결정판. 체계적이고 한눈에 쏙 들어오는 '내 집 장만 과정' 을 쉽게 풀어놓은 부동산재테크서. 신국판 / 248쪽 / 10,500원

컨설팅 세일즈 *Consulting sales*
임동학 지음

발로 뛰는 영업이 아니라 머리로 하는 영업이 절실히 요구되는 시대 상황에 맞추어 고객지향의 세일즈, 과제해결 세일즈, 구매자와 공급자 간에 서로 만족하는 세일즈법 제시. 대국전판 / 336쪽 / 13,000원

연봉으로 10억 만들기
김농주 지음

연봉으로 말해지는 임금을 재테크 하여 부자가 될 수 있는 방법 제시. 고액의 연봉을 받기 위해서 개인이 갖추어야 할 실무적 능력, 태도, 마음가짐, 재테크 수단 등을 각 주제에 따라 구체적으로 제시함으로써 부자를 꿈꾸는 사람들이 그 희망을 이룰 수 있게 해준다. 국판 / 216쪽 / 10,000원

주 식

역 학

든 것을 수록. 신국판 / 392쪽 / 12,000원

컴퓨터세대를 위한 新 성명학대전
박용찬 지음

사람이 살아가면서 필요한 모든 이름 짓기
가 총망라되어 각자의 개성과 사주에 맞게
이름을 짓는 작명비법을 수록.

신국판 / 388쪽 / 11,000원

길흉화복 꿈풀이 비법
백운산 지음

길흉과 흉몽을 구분하여 그림과 함께 보기
쉽게 엮었으며, 특히 요즘 신세대 엄마들
에게 관심이 많은 태몽이 여러 가지로 자
세하게 풀이되어 있다.
신국판 / 410쪽 / 12,000원

새천년 작명컨설팅
정재원 지음

혼자 배워야 하는 독자들도 정말 이해하기
쉽도록 구성된 신세대 부모를 위한 쉽고
좋은 아기 이름만들기의 결정판.
신국판 / 470쪽 / 12,000원

백운산의 신세대 궁합
백운산 지음

남녀궁합 보는 법뿐만 아니라 인간관계,
출세, 재물, 자손문제, 건강문제, 성격, 길
흉관계 등을 미리 규명할 수 있도록 쉽게
풀어놓았다. 신국판 / 304쪽 / 9,500원

동자삼 작명학
남시모 지음

한국사람에게 알맞은 건물명 · 상호 · 물건
명 등의 이름을 자신에게 맞는 한글이름으
로 지을 수 있는 작명비법을 제시.

신국판 / 496쪽 / 15,000원

구성학의 기초
문길여 지음

방위학의 모든 것을 통하여 개인의 일생
운 · 결혼운 · 사고운 · 가정운 · 부부운 ·
자식운 · 출세운을 성공적으로 이끄는 비
법 공개. 신국판 / 412쪽 / 12,000원

법률 일반

여성을 위한 성범죄 법률상식
조명원 (변호사) 지음

신국판 / 248쪽 / 8,000원

아파트 난방비 75% 절감방법
고영근 지음 / 신국판 / 238쪽 / 8,000원

일반인이 꼭 알아야 할 절세전략 173선
최성호(공인회계사) 지음

세법을 제대로 알면 돈이 보인다.
현직 공인중계사가 알려주는 합법적으로
세금을 덜 내고 돈을 버는 절세전략의 모
든 것! 신국판 / 392쪽 / 12,000원

변호사와 함께하는 부동산 경매
최환주(변호사) 지음

새 상가건물임대차보호법에 따른 권리분
석과 채무자나 세입자의 권리방어기법은
제시한다. 또한 새 민사집행법에 따른 각
사례별 해설도 수록.

신국판 / 404쪽 / 13,000원

혼자서 쉽고 빠르게 할 수 있는 소액재판
김재용 · 김종철 공저

나홀로 소액재판을 할 수 있도록 소장작성
에서 판결까지의 실제 재판과정을 상세하
게 수록하여 이 책 한 권이면 모든 것을 완
벽하게 해결할 수 있다.

신국판 / 312쪽 / 9,500원

"술 한 잔 사겠다"는 말에서 찾아보는 채권 · 채무
변환철 지음

일반인들이 꼭 알아야 할 채권 · 채무에 관
한 법률 사항을 빠짐없이 수록.
신국판 / 408쪽 / 13,000원

알기쉬운 부동산 세무 길라잡이
이건우 지음

부동산에 관련된 모든 세금을 알기 쉽게
단계별로 해설. 합리적이고 탈세가 아닌
적법한 절세법 제시.

신국판 / 400쪽 / 13,000원

알기쉬운 어음, 수표 길라잡이
변환철(변호사) 지음

어음, 수표의 발행에서부터 도난 또는 분

실한 경우의 공시최고와 제권판결에 이르기까지 어음, 수표 관련 법률사항을 쉽고도 상세하게 압축해 놓은 생활법률서.
신국판 / 328쪽 / 11,000원

제조물책임법
강동근 · 윤종성 공저

제품의 설계, 제조, 표시상의 결함으로 소비자가 피해를 입었을 때 제조업자가 배상책임을 져야 하는 제조물책임 시대를 맞아 제조업자가 갖춰야 할 법률적 지식을 조목조목 설명해 놓은 법률서.
신국판 / 368쪽 / 13,000원

알기 쉬운
주5일근무에 따른 임금 · 연봉제 실무
문강분 지음

최근의 행정해석과 판례를 중심으로 임금 관련 문제를 정리하고 기업에서 관심이 많은 연봉제 및 성과배분제, 비정규직문제, 여성근로자문제 등의 이슈들과 주40시간제 법개정, 퇴직연금제 도입 등 최근의 법 · 시행령 개정사항을 모두 수록한 임금 · 연봉제실무 지침서.
4×6배판 변형 / 544쪽 / 35,000원

변호사 없이 당당히 이길 수 있는 형사소송
형사소송
김대환 지음

우리 생활과 함께 숨쉬는 형사법 서식을 구체적인 사례와 함께 소개. 내 손으로 간결하고 명확한 고소장 · 항소장 · 상고장 등 형사소송서식을 작성할 수 있다. 형사소송 관련 서식 CD 수록.
신국판 / 304쪽 / 13,000원

변호사 없이 당당히 이길 수 있는 민사소송
민사소송
김대환 지음

민사, 호적과 가사를 포함한 생활과 밀접한 관련이 있는 생활법률 전반을 보통 사람들이 가장 궁금해하는 내용을 위주로 하여 사례를 들어가며 아주 쉽게 풀어놓은 민사 실무서. 신국판 / 412쪽 / 14,500원

생활법률

부동산 생활법률의 기본지식
부동산 생활법률의 기본지식
대한법률연구회 지음 / 김원중 감수

부동산관련 기초지식과 분쟁해결을 위한 노하우, 테크닉을 제 시하고 권두 특집으로 주택건설종합계획과 부동산 관련 정부 주요 시책을 소개하였다.
신국판 / 480쪽 / 12,000원

고소장 · 내용증명 생활법률의 기본지식
고소장 · 내용증명 생활법률의 기본지식
하태웅 지음

스스로 고소 · 고발장을 작성할 수 있도록 예문과 서식을 함께 소개. 또 민사소송에 대해서도 자세하게 설명.
신국판 / 440쪽 / 12,000원

노동 관련 생활법률의 기본지식
노동 관련 생활법률의 기본지식
남동희 지음

4만 여 건 이상의 무료 상담을 계속하고 있는 저자의 상담 사례를 통해 문답식으로 풀어나가는 노동 관련 생활법률 해설의 최신 결정판. 신국판 / 528쪽 / 14,000원

외국인 근로자 생활법률의 기본지식
외국인 근로자 생활법률의 기본지식
남동희 지음

외국인 연수협력단의 자문위원으로 오랜 시간 실무를 접했던 저자의 경험을 바탕으로 외국인 근로자의 체류자격 및 취업자격 등 법적 문제와 법률적 지위를 상세하게 다루었다. 신국판 / 400쪽 / 12,000원

계약작성 생활법률의 기본지식
계약작성 생활법률의 기본지식
이상도 지음

국민생활과 직결된 계약법의 기초를 이루는 핵심 기본지식을 간단명료한 해설 및 관련 계약서 작성 예문과 함께 제시.
신국판 / 560쪽 / 14,500원

지적재산 생활법률의 기본지식
지적재산 생활법률의 기본지식
이상도 · 조의제 공저

현대 산업사회에서 중요시되고 있는 특허, 실용신안, 의장, 상표, 저작권, 컴퓨터프로그램저작권 등 지적재산의 모든 것을 체계화하여 한 권으로 요약하였다.
신국판 / 496쪽 / 14,000원

부당노동행위와 부당해고 생활법률의
부당노동행위와 부당해고 생활법률의 기본지식
박영수 지음

노사관계 핵심사항인 부당노동행위와 정리해고 · 징계해고를 중심으로 간단 명료한 해설과 더불어 대법원 판례, 노동위원회에 의한 구제절차, 소송절차 및 노동부

업무처리지침을 소개.
신국판 / 432쪽 / 14,000원

주택 · 상가임대차 생활법률의 기본지식
김운용 지음

전세업자들이 보증금 반환소송이나 민사소송, 경매절차까지의 기본적인 흐름을 알수 있도록 인터넷을 통한 실제 법률 상담을 전격 수록. 신국판 / 480쪽 / 14,000원

하도급거래 생활법률의 기본지식
김진흥 지음

경제적 약자인 하도급업자를 위하여 하도급거래 관련 필수적인 법률사안들을 쉽게 해설함과 동시에 실무에 필요한 12가지 하도급표준계약서를 소개.

신국판 / 440쪽 / 14,000원

이혼소송과 재산분할 생활법률의 기본지식
박동섭 지음

이혼과 관련하여 해결해야 할 법률문제들을 저자의 실무경험을 바탕으로 명쾌하게 해설하였다. 아울러 약혼이나 사실혼파기로 인한 위자료문제도 함께 다루어 가정문제로 고민하는 사람들에게 길잡이가 되도록 하였다. 신국판 / 460쪽 / 14,000원

부동산등기 생활법률의 기본지식
정상태 지음

등기를 하지 않으면 어떤 위험이 따르고, 등기를 하면 어떤 효력이 생기는가! 등기 신청은 어떻게 하며, 필요한 서류는 무엇이고, 등기종류에는 어떤 것들이 있는가 등 부동산등기 전반에 걸쳐 일반인이 꼭 알아야 할 법률상식을 간추려 간단, 명료하게 해설하였다. 신국판 / 456쪽 / 14,000원

기업경영 생활법률의 기본지식
안동섭 지음

사업을 구상하고 있는 사람이나 현재 경영하고 있는 사람 및 관리실무자에게 필요한 법률을 체계적으로 알려주고 관련 법률서식과 서식작성 예문도 함께 소개.

신국판 / 466쪽 / 14,000원

교통사고 생활법률의 기본지식
박정무 · 전병찬 공저

교통사고 당사자가 쉽게 응용할 수 있도록 단계별 해결책을 제시함과 동시에 사고유형별 Q&A를 통하여 상세한 법률자문 역할

을 하였다. 신국판 / 480쪽 / 14,000원

소송서식 생활법률의 기본지식
김대환 지음

일상생활과 밀접한 소송서식을 중심으로 소장작성부터 판결을 받을 때까지 그 서식 작성요령을 서식마다 항목별로 자세하게 설명하였다. 신국판 / 480쪽 / 14,000원

호적 · 가사소송 생활법률의 기본지식
정주수 지음

개명, 성 · 본 창설, 취적절차 및 법원의 허가 및 판결에 의한 호적정정절차, 친권 · 후견절차, 실종선고 · 부재선고절차에 상세한 해설과 함께 신고서식 작성요령과 구비할 서류 및 재판절차에 대하여 자세히 설명. 신국판 / 516쪽 / 14,000원

상속과 세금 생활법률의 기본지식
박동섭 지음

상속재산분할, 상속회복청구, 유류분반환청구, 상속세부과처분취소 등 상속관련 사건들을 해결하는 데 도움이 되도록 상속법과 상속세법을 상세하게 함께 수록.
신국판 / 480쪽 / 14,000원

담보 · 보증 생활법률의 기본지식
류창호 지음

살아가다 보면 담보를 제공하거나 보증을 서는 일이 비일비재하다. 이렇게 담보를 제공하거나 보증을 섰을 때 문제가 생겼을 때의 해결방법을 법조항 설명과 함께 실례를 실어 알아 본다. 신국판 / 436쪽 / 14,000원

소비자보호 생활법률의 기본지식
김성천 지음

소비자의 권리 실현 보장 관련 법률 및 소비자 파산 문제를 상세한 해설 · 판례와 함께 모두 수록. 신국판 / 504쪽 / 15,000원

처 세

성공적인 삶을 추구하는 여성들에게 우먼파워
조안 커너 · 모이라 레이너 공저 /

지창영 옮김

사회의 여성을 향한 냉대와 편견의 벽을 깨뜨리고 성공적인 삶을 이루려는 여성들이 갖추어야 할 자세 및 삶의 이정표 제

시!! 신국판 / 352쪽 / 8,800원

이익이 되는 말 손해가 되는 말
우메시마 미요 지음 / 정성호 옮김

직장이나 집안에서 언제나 주고받는 일상의 화제를 모아 실음으로써 대화의 참의미를 깨닫고 비즈니스를 성공적으로 이끌기 위한 대화술을 키우는 방법 제시!!
신국판 / 304쪽 / 9,000원

성공하는 사람들의 화술테크닉
민영욱 지음

개인간의 사적인 대화에서부터 대중을 위한 공적인 강연에 이르기까지 어떻게 말하고 어떻게 스피치를 할 것인가에 관한 지침서. 신국판 / 320쪽 / 9,500원

부자들의 생활습관 가난한 사람들의 생활습관
다케우치 야스오 지음 / 홍영의 옮김

경제학의 발상을 기본으로 하여 사람들이 살아가면서 생활에서 생각해 볼 수 있는 이익을 보는 생활습관과 손해를 보는 생활습관의 기본 전략을 설계할 수 있도록 제시.
신국판 / 320쪽 / 9,800원

코끼리 귀를 당긴 원숭이
-히딩크식 창의력을 배우자
강충인 지음

코끼리와 원숭이의 우화를 허딩크의 창조적 경영기법과 리더십에 대비하여 자기혁신, 기업혁신을 꾀하는 창의력 개발법을 제시. 신국판 / 208쪽 / 8,500원

성공하려면 유머와 위트로 무장하라
민영욱 지음

21세기에 들어 새로운 추세를 형성하고 있는 말 잘하기. 이러한 추세에 맞추어 현재 스피치 강사로 활약하고 있는 저자가 말을 잘하는 방법과 유머와 위트를 만들고 즐기는 방법을 제시한다.
신국판 / 292쪽 / 9,500원

등소평의 오뚝이전략
조창남 편저

중국 역사상 정치 · 경제 · 학문 등의 분야에서 최고 위치에 오른 리더들의 인재활용, 상황 극복법 등 처세 전략 · 전술을 통해 이 시대의 성공인으로 자리매김하는 해법 제시. 신국판 / 304쪽 / 9,500원

노무현 화술과 화법을 통한 이미지 변화
이현정 지음

현재 불교방송에서 활동하고 있는 이현정 아나운서의 화술 길라잡이서. 노무현 대통령의 독특한 화술과 화법을 통해 리더로서, 성공인으로서 갖추어야 할 화술 화법을 배우는 화술 실용서.
신국판 / 320쪽 / 10,000원

성공하는 사람들의 토론의 법칙
민영욱 지음

다양한 사람들의 다양한 욕구를 하나로 응집시키는 수단으로 등장하고 있는 토론에 관해 간단하고 쉽게 제시한 토론 길라잡이서. 신국판 / 280쪽 / 9,500원

사람은 칭찬을 먹고산다
민영욱 지음

말 한마디에 천냥 빚을 갚는다는 속담이 있다. 현대에서 성공하는 사람으로 남기 위해서는 남을 칭찬할 줄도 알아야 한다. 성공하는 사람이 되기 위해서 알아야 할 칭찬 스피치의 기법, 특징 등을 실생활에 적용해 설명해놓은 성공처세 지침서.
신국판 / 268쪽 / 9,500원

사과의 기술
김농주 지음

미안하다는 말에 인색한 한국인에게 "I'm sorry."가 성공을 위한 처세 기법으로 다가온다. 직장, 가정 등 다양한 환경에서 사과 한마디의 의미, 기능을 알아보고 효율성을 가진 사과가 되기 위해 갖추어야 할 조건을 제시한다.
신국판 변형 양장본 / 200쪽 / 10,000원

명 상

명상으로 얻는 깨달음
달라이 라마 지음 / 지창영 옮김

티베트의 정신적 지도자이자 실질적 지도자인 달라이 라마의 수많은 가르침 가운데 현대인에게 필요해지고 있는 안내에 대한 이야기. 국판 / 320쪽 / 9,000원

어 학

2진법 영어
이상도 지음

2진법 영어의 비결을 통해서 기존 영어학습 방법의 단점을 말끔히 해소시켜 주는 최초로 공개되는 고효율 영어학습 방법. 적은 시간을 투자하여 영어의 모든 것을 획기적으로 향상시킬 수 있는 비법을 제시한다. 4×6배판 변형 / 328쪽 / 13,000원

한 방으로 끝내는 영어
고제윤 지음

일상생활에서의 이야기를 바탕으로 하는 영어강의로 영어문법은 재미없고 지루하다고 생각하는 이 땅의 모든 사람들의 상식을 깨면서 학습 효과를 높이기 위한 공부방법을 제시하는 새로운 영어학습서.
신국판 / 316쪽 / 9,800원

한 방으로 끝내는 영단어
김승엽 지음 / 김수경 · 카렌다 감수

일상생활에서 우리가 무심코 던지는 영어 한마디가 당신의 영어수준을 드러낸다는 사실을 깨닫게 하는 영어 실용서. 풍부한 예문을 통해 참영어를 배우겠다는 사람, 무역업이나 관광 안내업에 종사하는 사람, 영어권 나라로 이민을 가려는 사람들에게 많은 도움을 줄 것이다.

4×6배판 변형 / 236쪽 / 9,800원

해도해도 안 되던 영어회화 하루에 30분씩 90일이면 끝낸다
Carrot Korea 편집부 지음

온라인과 오프라인을 넘나들면서 영어학습자들의 각광을 받고 있는 린다의 현지 생활 영어 수록. 교과서에서 배울 수 없었던 생생한 실생활 영어를 90일 학습으로 모두 끝낼 수 있다.
4×6배판 변형 / 260쪽 / 15,000원

바로 활용할 수 있는 기초생활영어
김수경 지음

다양한 상황에 대처할 수 있도록 인사나 감정 표현, 전화나 교통, 장소 및 기타 여러 사항에 관한 기초생활영어를 총망라.
신국판 / 240쪽 / 10,000원

바로 활용할 수 있는 비즈니스영어
김수경 지음

해외 출장시, 외국의 바이어 접견시 기본적으로 사용할 수 있는 상황별 센텐스를 수록하여 해외 출장 준비 및 외국 바이어 접견을 완벽하게 끝낼 수 있게 했다.
신국판 / 252쪽 / 10,000원

생존영어55
홍일록 지음

살아 있는 영어를 익힐 수 있는 기회 제공. 반드시 알아야 할 핵심 센텐스를 저자가 미국 현지에서 겪었던 황당한 사건들과 함께 수록, 재미도 느낄 수 있다.
신국판 / 224쪽 / 8,500원

필수 여행영어회화
한현숙 지음

해외로 여행을 갔을 때 원어민에게 바로 통할 수 있는 발음 수록. 자신 있고 당당한 자기 표현으로 즐거운 여행을 할 수 있도록 손안의 가이드 역할을 해줄 것이다.
4×6판 변형 / 328쪽 / 7,000원

필수 여행일어회화
윤영자 지음

가깝고도 먼 나라라고 흔히 말해지는 일본을 제대로 알기 위해, 일본을 체험해보기 위해 노력하는 사람들에게 손안의 가이드 역할을 하는 실전 일어회화집. 일어 초보자들을 위한 한글 발음 표기 및 필수 단어 수록. 4×6판 변형 / 264쪽 / 6,500원

필수 여행중국어회화
이은진 지음

중국을 경험하기 위해 출발하는 중국어 경험자와 초보자를 위한 회화 길라잡이서. 중국에서의 생활이나 여행에 꼭 필요한 상황별 회화, 반드시 알아야 할 1500여 개의 단어에 한자병음과 우리말 표기를 원음에 가깝게 달아 놓았으므로 든든한 도우미가 되어 줄 것이다. 4×6판 변형 / 256쪽 / 7,000원

스포츠

수열이의 브라질 축구 탐방 삼바 축구, 그들은 강하다
이수열 지음

축구에 대한 관심만으로 각 나라의 축구팀, 특히 브라질 축구팀에 애정을 가지고 브라질 축구팀의 전력 및 각 선수들의 장단점을 나름대로 분석하고 연구하여 자신의 의견을 피력하고 있는 축구 길라잡이서. 신국판 / 280쪽 / 8,500원

마라톤, 그 아름다운 도전을 향하여
빌 로저스 · 프리실라 웰치 · 조 헨더슨 공저 / 오인환 감수 / 지창영 옮김

마라톤에 입문하고자 하는 초보 주자들을 위한 마라톤 가이드서. 올바르게 달리는 법, 음식 조절법, 달리기 전 준비운동, 주자에게 맞는 프로그램 짜기, 부상 예방법을 상세하게 설명하고 있다.
4×6배판 / 320쪽 / 15,000원

레포츠

퍼팅 메커닉
이근택 지음

감각에 의존하는 기존 방식의 퍼팅은 이제 그만!!
저자 특유의 과학적 이론을 신체근육 운동학에 접목시켜 몸의 무리를 최소한으로 덜고 최대한의 정확성과 거리감을 갖게 하는 새로운 퍼팅 메커닉 북.
4×6배판 변형 / 192쪽 / 18,000원

아마골프 가이드
정영호 지음

골프를 처음 시작하는 모든 아마추어 골퍼를 위해 보다 쉽고 빠르게 이해할 수 있도록 내용이 구성되어진 아마골프 레슨 프로그램서. 4×6배판 변형 / 216쪽 / 12,000원

인라인스케이팅 100%즐기기
임미숙 지음

레저 문화에 새로운 강자로 자리매김하고 있는 인라인 스케이팅을 안전하고 재미있게 즐길 수 있도록 알려주는 인라인 스케이팅 지침서. 각단계별 동작을 한눈에 알아볼 수 있도록 세부 동작별 일러스트 수록. 4×6배판 변형 / 172쪽 / 11,000원

배스낚시 테크닉
이종건 지음

현재 한국배스스쿨에서 강사로 활약하고 있는 아마추어 배스 낚시꾼이 중급 수준의 배스 낚시꾼들이 자신의 실력을 한 단계 업그레이드 시킬 수 있도록 루어의 활용, 응용법 등을 상세하게 해설.
4×6배판 / 440쪽 / 20,000원

나도 디지털 전문가 될 수 있다!!!
이승훈 지음

깜찍한 디자인과 간편하게 휴대할 수 있다는 장점 때문에 새로운 생활필수품으로 자리를 잡아가고 있는 디카 · 디캠을 짧은 시간 안에 쉽게 배울 수 있도록 해놓은 초보자를 위한 디카 · 디캠길라잡이서.
4×6배판 / 320쪽 / 19,200원

스키 100% 즐기기
김동환 지음

스키 인구의 확산 추세에 따라 스키의 기초 이론 및 기본 동작부터 상급의 기술까지 단계별 동작을 전문가의 동작사진을 곁들여 내용 구성.
4×6배판 변형 / 184쪽 / 12,000원

태권도 총론
하웅의 지음

우리의 국기 태권도에 관한 실용 이론서. 지도자가 알아야 할 사항, 태권도장 운영 이론, 응급처치법 및 태권도 경기규칙 등 필수 내용만 수록.
4×6배판 / 288쪽 / 15,000원

건강하고 아름다운 동양란 기르기
난마을 지음

동양란 재배의 첫걸음부터 전시회 출품까지 동양란의 모든 것 수록. 동양란의 구조 · 특징 · 종류 · 감상법, 꽃대 관리 · 꽃 피우기 · 발색 요령 등 건강하고 아름다운 동양란 만들기로 구성.
4×6배판 변형 / 184쪽 / 12,000원

수영 100% 즐기기
김종만 지음

물 적응하기부터 수영용품, 수영과 건강, 응용수영 및 고급 수영기술에 이르기까지 주옥 같은 수중촬영 연속사진으로 자세히 설명해 주는 수영기법 Q&A.
4×6배판 변형 / 252쪽 / 13,000원